岩波現代文庫／社会 316

負ける建築

隈 研吾

JN230697

岩波書店

はじめに

一九九五年以降に書いたものをまとめて、こんな本ができあがった。わざわざ振り返るまでもなく、事件が多く、密度の濃い年月であった。阪神・淡路大震災があり、オウムのテロがあり、九・一一があった。どれも大きな社会的事件ではあったが、同時に建築という存在自体の危機を象徴する、建築的事件でもあるように、僕には思えた。

大地震では文字通りに建築の弱さ、脆さが露呈されたわけであるが、そこで最も露骨な形であきらかにされたのは建築の物理的、構造的弱さではない。建築の私有という行為の決定的な弱点が、露呈されたのである。建築という側面で見た時、賃貸住宅に住んでいる人々は、それほどのダメージを被らなかった。震災以前からのホームレスのダメージはさらに少なかったかもしれない。ホームレスはダメージレスであった。最もダメージを受けたのは、住宅ローンを使って、自分の家を持った人々、すなわち二〇世紀に一世を風靡した「持ち家政策」に最も従順であった、勤勉なるサラリーマン階層であった。彼らは「家族の城」を持つために一生分の貯えをつぎ込み、家を失い、かわりに二重ローンまでも背負った。

家を所有することは、生活の安定を保証し、幸福の証であるはずであった。しかし現実は全く逆であった。建築を持つがゆえに、不幸になり、不安定に陥ったのである。そして本書の中で繰り返し述べたように「持ち家政策」とモダニズムは深いところでつながっている。意外なことに、モダニズムは「持ち家政策」に乗じて勢力をのばした。地震は「持ち家政策」の根幹を揺るがし、同時にモダニズムをもまた揺るがしたのである。

オウムの人々の作った宗教建築もまた、従来の建築観の根本を揺るがした。従来の宗教は、建築の可能性を最大限に利用した。天にもとどくようなシンボリックな外観、天上からの光に満たされた荘厳な内部空間。それらの建築的ディバイスを総動員して、信者の宗教的感情を高揚させようと企んだ。古典的な世界宗教も駆け出しの新興宗教も、建築という装置への依存度の高さに関しては一致していた。

しかしオウムは違った。彼らは建築に全く期待をしなかった。彼らの作ったサティアンと呼ばれる建築群は、かつてのどの宗教建築とも似ていなかった。ただの粗末なバラックであった。そのかわりに彼らは薬物を用い、電磁波を出す奇妙な形のヘルメットを信者にかぶせた。この二つのツールは、ともに一九六〇年代末の建築界を騒然とさせた二つの建築的プロジェクト(正確には二つの非建築的プロジェクト)に酷似している。ひとつはウィーンのアーティスト、ワルター・ピッヒラーによる「透視ヘルメット」(一九六七年)であり、ひとつはピッヒラーとしばしば協働した建築家ハンス・ホラインによる「ノン・フィジカル・エンヴァイラメンタル・コントロール・キット」(一九六七年)である。

「透視ヘルメット」は文字通りの白く巨大なヘルメットであり、これをピッヒラーは携帯用居間と呼び、建築がデジタル・テクノロジーを用いたヘルメットによって置換されることになると予言した。ホラインの「キット」はたったひとつの錠剤が建築を置換するという、既成の建築に対するきわめて挑戦的なプロジェクトであった。二つのプロジェクトは奇しくも僕が一九九四年の一一月に出版した『新・建築入門』(ちくま新書)の冒頭に、「建築の危機」の象徴として取り上げたものである。明けて一九九五年の一月、その二つの装置がともにオウムのお気に入りであり、すでに「作品」ではなく現実に日常的に用いられていたことを僕は知らされたわけである。

そしてそれらの一連の出来事を締め括るようにして二〇〇一年の九月一一日がやってきたのである。そこでは二〇世紀文明の象徴といわれた超高層建築が、一瞬にして破壊された。超高層は単なる二〇世紀の象徴ではない。視覚的象徴を作り、高くたちあげたいという人間の根源的欲求、これを建築的欲望と言い換えてもいい。その欲望の頂点にニューヨークの超高層群があり、そのまた頂点にワールド・トレード・センターのツインタワーがあったのである。

その頂点がかくも脆かった。そしてその脆さがあまりに見事に視覚化された。二機の衝突の時間的ズレによって、その破壊を実況中継させるという試みが意図的であったのかどうかは別として、その視覚効果はあまりに劇的であった。視覚に依存した文明の弱点が言葉によってでもなく、科学的計算によってでもなく、当の視覚自身によって無残なほどに露呈されたのである。

その映像は目に焼きついたままでいる。これ以上のものは想像しにくいほどの職業的トラウマであった。象徴という行為自体が嘲笑を浴びせかけられたようだった。視覚にダメが出されてしまったのである。そのトラウマの後にどんな建築を作ったらいいのだろうか。象徴にも頼らず、視覚にも依存しない建築というものははたしてありえるのだろうか。そのペシミスティックな気分の中で、ここにのせた一連の文章は書かれた。そんなわけで「負ける建築」などという景気の悪いこときわまりない、縁起でもないようなタイトルの本ができあがったわけである。

しかし、いずれにしろ、いつかはこんな日が来なければならなかったのである。もっと正確に言えば、建築の危うさなど、最初から、すなわち太古の昔、原っぱの上に石ころを積み上げようと試みた時から、わかりきったことだったのである。高く積み上げたものが脆く、はた迷惑な代物であることは、子どもでも知っている。それが自明であるにもかかわらず、人間の視覚は建築という石ころの積み上げを欲し続けた。結果としておこったことを振り返れば、視覚テクノロジーのエスカレーションである。そのエスカレーションの産物が建築と呼ばれた。物質と身体が、一方的なエスカレーションをやっとのことでフォローした。そしてついに、建築はフォローの臨界点を超えたのである。臨界点を超えてはじめて、自明の事実が人々につきつけられたのである。しかも誰も予想もしていないほどの解像度と、めりはりのきいたシナリオ付きで。そうまでしなくてもというほどの結末であった。

高く積み上げる途とは別の途はないだろうか。そういうあたりまえの疑問に立ち返っただけの話である。象徴にも、視覚にも依存せず、私有という欲望にも依存しないで何が可能かをさぐっていきたい。「強い」建築をたちあげる動機となった、それらすべての欲望から、いかにしたら自由になれるか。そんな気持ちをこめて「負ける建築」というタイトルをつけた。とすれば、逆にこれほどに楽観的で明るい本はない。突出し、勝ち誇る建築ではなく、地べたにはいつくばり、様々な外力を受け入れながら、しかも明るい建築というのがありえるのではないか。

目　次

はじめに

Ⅰ　切断、批評、形式

1　切断から接合へ …… 2
2　場と物 …… 21
3　批評性とはなんだったのか …… 50
4　形式対自由という退屈 …… 69

Ⅱ　透明、デモクラシー、唯物論

1　淋しいほどに透明な／デ・ステイル …… 94
2　デモクラシーという幻想／シンドラー …… 111

3 デモクラシーの戦後／内田祥哉 …… 130
4 制度と唯物論／村野藤吾 …… 140
5 場所、存在、表象／三愛ドリームセンター …… 160
6 家をよこせ、テレビを見せろ／ヴェニス・ビエンナーレ1995 …… 169
7 少女と行者／ヴェニス・ビエンナーレ2000 …… 185

Ⅲ ブランド、ヴァーチャリティー、エンクロージャー

1 公・ブランド・私 …… 190
2 風俗住宅 …… 202
3 コンクリートの時間 …… 208
4 ヴァーチャリティーとパラサイト …… 213
5 「美」の終焉 …… 224
6 エンクロージャー …… 231

注 …… 241
おわりに …… 251
岩波現代文庫版あとがき …… 255
初出一覧 …… 263

I　切断、批評、形式

1　切断から接合へ

建築というもの自体が社会の敵なのかもしれない。公共事業、土建業界といえば悪の代名詞の扱いである。どうして、建築はこのように嫌われるのか。いつからこんなことになったのだろうか。問題は建築を取り巻くその周辺にあるのか、それとも建築という存在自体になにか問題があるのか。この素朴な疑問から始めてみたい。

建築は確かに嫌われて然るべき、様々なマイナスを有している。まず大きいこと。われわれが日常的につきあう対象物の中で、これほど大きいものはない。大きさは建築の宿命でもあり、建築の定義そのものである。大きければ当然目障りである。さらに、建築を建てるサイド、たとえば建築の建て主(クライアント)や建築家は、多くの場合が目立つこと、目に付くことを目的として建築を作るわけであるから、一層大きくなる。あるいは実際以上に大きいと感じられる。結果、いよいよ目障りとなる。いよいよ嫌われる。

嫌われる次の要因は、物質の浪費である。建築は大きいから当然、大量の物質を使って建設される。途方もない物質の浪費である。地球資源は限られていて、底が見えはじめている。エネルギーも限られている。そんな時代に、このような巨大な浪費が嫌われないわけがない。

さらに嫌われるのは、取り返しがつかないこと。一度作ってしまったら、そう簡単に建築をなおしたり、取り壊したりはできない。簡単になおしたり、壊れるものは、そもそも建築とは呼ばれない。だから一度嫌な建築、気に入らない建築が建ってしまったならば、今後ずっと、それを我慢して暮らしていかねばならない。おそらくは自分の人生よりも建築の寿命のほうがよほど長い。当然、死ぬまで我慢しなくてはいけない。実際には、二〇世紀以降に建設された建築の寿命などたいしたことはないのだが、われわれにはそう感じられない。人間の繊細でひ弱な身体と比較した時、建築ははるかに頑丈で長寿なものに感じられる。人間の短命とはかなさを嘲笑しているようにさえ感じられる。だから余計に嫌われる。「建築の時間」の、この取り返しのつかないふてぶてしさが、嫌われる。

三つの宿命。建築が作られはじめて以来の、逃れようのない建築の宿命であった。しかし、世界という膨大なヴォリュームと比して、建築の絶対的ヴォリュームが無視できるほどに小さい時、三つのマイナスは逆に、建築の美点そのものであった。大きさ、浪費、長寿を求めて、人は建築を作ってきたのである。当然、社会の全員が、そのような特権的存在＝建築を作れるわけもなかった。建築を作れる「強者」は限られており、建築とは基本的に稀少な存在であった。稀少であるからこそ、大きさも、浪費も、長寿も大目に見られていたのである。

しかし、建築のヴォリュームがある臨界値を超えると、人は建築に対して警戒しはじめる。遠く、ギリシャ、ローマの時代においてすら、建築に対する警戒と、それに基づく規制があった。しかし、建築が本格的に警戒されるにいたるのは、二〇世紀初頭である。建築の形態規制が世界で最初に施行されるのは一七八四年のパリだが、今日の建築規制の原型となったのは、一九一六年、高層ビルによる都市景観の破壊を防止する目的で施行されたニューヨークのゾーニング法である。しかし、建築の形態には規制がかけられたとしても、建築という行為自体に歯止めがかけられたわけではない。逆に二〇世紀には、かつてないほどの勢いで建築が建てられ続けた。二〇世紀を「建築の世紀」と一言で総括したとしても、大きな誤りとはいえない。

建築はすでに溢れ、過剰であったが、それでも建築に抑制はかからなかった。下手をすれば、萎えようとする建築的欲望を、無理やりに奮い立たせようとする強精剤的な施策がうたれ続けた。

なぜならば社会が建築を必要としていたからである。正確に言えば、建築という存在を必要としていたわけではなく、建設するという行為を必要としていたからである。それゆえ建築がいかに過剰となろうとも、それに歯止めがかかることはなかった。建築は徹底的に鼓舞され続けなくてはならなかったのである。

二つの強精剤がすぐにも思いうかぶ。ひとつは持ち家政策であり、もうひとつはケインズが提唱した政府による財政出動であった。第一次世界大戦後の住宅難に悩むアメリカで、持ち家政策は本格的にスタートした。大戦後の住宅問題はヨーロッパ、アメリカともに深刻であったが、それへの対応は対照的であった。ヨーロッパは計画的に公共集合住宅を建設し、一九二〇年代だけで五〇〇万戸が建設された。一方アメリカでは税金の優遇と、一九三四年に新設された連邦住宅局(FHA)が管理する、長期低金利で、しかも総建設費の八〇%までをもカバーする住宅ローン制度によって、戸建ての持ち家の自主的な建設を誘導する施策を行った。すなわち、ヨーロッパでは建築は上から与えられたのに対し、アメリカは個人の建築的欲望を喚起し、昂進させることが、政策の目標となったのである。建築への強精剤的施策とはこの意味である(図1)。

この対照的な施策はいかなる結果を招いたか。低家賃で何の困難もなく与えられた住宅は、ヨーロッパ人の勤労意欲を決して高めなかった。彼らの労働意欲を高め、消費を喚起するには、他の政策、たとえばバカンスと呼ばれる長期休暇の強制的導入などが新たに必要とされたのである。

一方アメリカの持ち家政策は予想をはるかに超える圧倒的な成功を収めた。住宅ロー

図1　レビットタウン・ペンシルヴァニアの広告．レビットタウンは，FHA の住宅ローンを用いて家を建てようとする第二次大戦後の帰還先をターゲットとする住宅地開発で大成功を収めた．

ンの返済のために、彼らは農奴のごとき勤勉さで働き始めたのである。さらに住宅ローンを背負った人々は政治的にも保守化することが明らかになり、政治の安定化にも寄与することがわかった。経済、政治両面でこの政策はきわめて有効だったのである。経済だけではなく、政治をも含めた社会の全体が、住宅の建設という行為を歓迎したのである。ル・コルビュジエは一九二三年に出版されたその著『建築をめざして』[1]（図2）の最後を「建築か革命か」という有名な一句で締めくくっている。旧来の古い建築を徹底的に批判し、革命的なモダニズム建築の到来を宣言した書物の最後を飾るにふさわしい勇ましい文句である。しかし、深読みをすれば、まさに住宅ローン制度こそコルビュジエの予言の成就そのものであった。革命家を気取り、反体制的発言を駆使してスターになったコルビュジエは血相を変えて反論するに違いない。しかし、実際のところ、住宅ローンによって「建築」を手に入れた中産階級は、喜々として革命の夢を忘れ、保守化の途を進みはじめたのである。まさに「建築か革命か」であった。

アメリカの政策はたちまち効果をあらわして住宅建設戸数は上昇し、一九三三年に九万三〇〇〇戸までに減少した着工件数は、三四年のFHA新設を境にして、一九四〇年には六〇万三〇〇〇戸にまではねあがる。当然景気の浮揚にも大きく貢献した。単に、建設投資額が増大しただけでなく、持ち家を建設する人々は、住宅の周辺——たとえばカーテンや家具などのインテリアから家電製品や庭園にいたるまで——に万遍無く多額の投資をした。「建築」という欲望にいったん目覚めた人間は、ほとんど理屈を超えて、実際上の必要を超えて、その欲望の充足へと一気に走り始めるのであった。

アメリカの持ち家政策が恐慌への対応のひとつであったとしたならば、ケインズの提唱した公共投資もまた、恐慌という欲望の萎縮に対して処方された、さらに大掛かりな強精剤に他ならなかった。アメリカの持ち家政策が「小さい建築」の提案であるとしたならば、ケインズの提案は「大きい建

図2 『建築をめざして』の宣伝用パンフレット(1923年). ル・コルビュジエは断片的写真イメージとテクストを組み合わせる当時の新しい広告の手法を多用することで, 読者の欲望の喚起に成功した.

築」の提案であり、「大きい建築」向けの強精剤である。一九三六年ケインズは『雇用、利子および貨幣の一般理論』をまとめ、政府が「大きい建築」へ投資することによって有効需要を創出するという、二〇世紀の財政政策の基本形を示した。公共の建築、土木に対する財政出動が景気を浮揚させ、経済を活性化するという理屈である。ケインズはここで乗数という用語を用い、財政出動の何倍もの倍率で、有効需要が創出され、それが長期的には景気浮揚をともない、税収の増大という形で、財政出動の赤字を埋めるとした。建築、土木工事には、そのような潜在力があるとしたのである。資本主義は、その最大の構造的欠陥である恐慌に打ち克つ画期的な処方箋を獲得したと、ケインズは自信をもって世界に宣言したのであった。ケインズの主張はその後の二〇世紀のあらゆる経済政策に対して大きな影響を与え、特にアメリカのニューディール政策、戦後の日本の経済政策への影響は絶大なものがあった。

ではケインズは二〇世紀において、なぜこのように広く強く支持されたのだろうか。アメリカの持ち家政策が住宅という名の建築の魅力を最大限に利用したように、ケインズもまた、建築というものの特質と魔力を熟知して、それを利用したのである。建築にはそれだけの魔力があったということでもある。二〇世紀的権力の存立基盤ともいうべき二大政策——持ち家政策と公共事業とが、ともに建築の魔力の利用の上に成立していた。その意味でも二〇世紀を建築の世紀と呼ばずにはいられない。ではなぜ権力と建築とは共犯関係を結んだのか。

まず建築が大きくて、しかもそれがヴィジブルであることに意味があった。これほどに大きくて、しかもヴィジブルなものが、建築以外にあっただろうか。たとえば国土という存在は建築とは比較にならないくらいに大きい。しかし、国土は際限のない広がりであって、建築のような強固なヴィジュアル・アイデンティティーは持ちようがないのである。建築という巨大でヴィジブルなものは、プロジェクトとして発表されただけで、すでに巨大な影響力を有するメディアであり、人に多くを期待させ、妄想させ、ケインズが言うところの乗数効果を約束したのである。重要なのは、当時の経済全体のスケールと比較して、公共建築物からの波及効果が無視できないほどのインパクトを有したことである。

先述したように、建築のヴィジブルな大きさ、物質浪費のスケールは、建築が嫌われる最大の要因である。それらの負のファクターを、ケインズは経済効果という正のファクターへと反転してみせたのである。これはマジックとも呼べるほどに見事な反転であった。これは浪費ではなく、社会を発展へと導く、堅実でまじめな行為であると。さらに踏み込んで言えば、浪費こそが賞賛されるべきであると彼は考えていた。だからこそ彼はあの有名な提案をイギリス政府に対し、挑発的ジョークとして、半ば本気で言ったのである。ポンド紙幣の束を廃坑に入れて穴を埋めてはどうか。そうすれば紙幣を廃坑に入れることでまず仕事が作り出され、ついでこの紙幣を使うことで需要が生み出されると、彼は提唱したのである。物質の有限性、エネルギーの有限性という概念は彼にはなかった。二〇世紀初頭の段階では、彼ほどの知性を有する人間にも、環境の有限性という概念は稀薄だったのである。当然のこと、浪費という概念もまた彼にはなかった。

生の現実と切断された抽象的なフィールド上で乱暴な仮説が提示され、粗雑な計算が行われ、その計算の結果が何の配慮もなく現実に返されていったのである。それが二〇世紀に学問、科学と呼ばれたものの正体であった。ケインズ政策の果実として、野に放り出された巨大な建築を見ると、この計算方法の粗雑さを思い浮かべずにはいられない。ハコモノという言葉は、そのような粗雑な計算に対する違和感を見事に言いあてている。複雑な現実から切断された幼稚な計算結果が、リアルな物質に単純に翻訳され、リアルで繊細な現実の上に、突然の事故のようにして投げ出されてしまう寒々しさ。その違和感を人はハコモノと呼んだ。

ケインズ政策とは建築がもたらすマイナスを、プラスへと反転する、あるいはプラスだと言いくるめるための、一種の魔術、詐術のようなものであった。スケールの問題、物質やエネルギーの問題に対して、着実にひとつずつ対応し、解決策を探るという途は選択されなかった。現実的な諸関係から切断されて宙に浮いた「建築」という存在を想定し、オセロゲームのように一気にマイナスをプラスに反転するトリックを駆使して、

「建築」という切断の周囲に発生する問題のすべてを解決したように見せかけるのである。

しかも、さらに巧妙にも、このトリックの中には、「弱者のための建築」というレトリックが忍び込ませてあった。公共工事は「弱者」のために行われるというレトリックである。持ち家政策の中にも、同様のレトリックは潜りこんでいた。家を持たない弱者のために、住宅は建設されなくてはならないというレトリックである。このレトリックに反論することは、決して容易ではない。ケインズ政策もまた、この「弱者」のレトリックによってほとんど反論の余地がないほどに補強される。道路がない貧しい地域であるから、公共工事は行われなければならないと主張された時に、それに抗するのは容易ではない。老人という弱者のために、これだけの福祉施設が必要だという時に、建築は往々にしてほぼ無制限のアリバイを獲得する。

「弱者」もまたひとつの切断であった。「建築」がひとつの切断であるように、「弱者」もまたひとつの切断である。完全な弱者というものは存在しようがなく、いかなる弱者もある関係の中では、強者として出現する。それらの繊細な関係性をすべて切断して、「弱者」というアリバイが捏造され続けたのである。二〇世紀の政治家は見事にこのアリバイを利用した。建築の利権と結びついた政治家は、まず弱者の代理人として登場し、弱者のロジックを存分に利用し、建設を仕切り、利権を獲得していくのである。

建設という行為のスケール(大きさ)は、近代的選挙制度に依存しなければならない政治家達にとって、きわめて魅力的であった。その大きな行為の周辺から、選挙資金をはじめとする多額の金銭を捻出することが可能となり、またその大きな行為に従事し、関連する多くの人々は、そのまま選挙における票という形で政治家をサポートした。大きさがここでもまた、マイナスからプラスへと反転された。弱者のロジックで武装した政治家達の手によって、実際的な経済波及効果、乗数効果とは無関係に公共事業のヴォリュームは増大し続け、財政赤字は取り返しがつかないほどに肥大する。われわれに馴染み深いこの悪循環は、この弱者のロジックを通じて誘導されたのである。

この状況はしばしば経済に対する政治の侵食と呼ばれる。あるいは政治の大衆化の帰結とも言われる。経済の社会的ウェイトがこれほどに大きな二〇世紀においてすら、政治と経済は対等な関係を取り結ぶことができなかった。しかし、政治にのみ罪を負わせるのはフェアではない。経済のロジックの不備が、政治につけいる隙を与えたのである。今日の文化のすべてが、そのような粗雑な「弱者のロジック」に対する免疫を持っていなかった。

二〇世紀文学は様々な「弱者」の発見、捏造を繰り返した。二〇世紀建築が環境からの切断によって作品としての自立性、純粋性を獲得したように、二〇世紀文学もまた現実から「弱者」を切断することで、作品の純度を獲得した。「弱者」もまた切断の産物である。絶対的な弱者というものはない。弱者の問題に正面から向き合い、弱者が時に強者であることを指摘し、弱者を切断から解放しようとするだけの勇気のある文学者を見つけることは難しい。結果として、二〇世紀文学は「弱者のための公共事業」という社会システムを無批判に補強するために利用されていたようにも見える。政治、建築、文学は見事に共犯関係を結んだ。

粗雑な科学を粗雑な文学が補強したのである。そしてもちろんのこと、その粗雑さを最終的にリアライズし、この地上に粗雑な建築として着地させたのは、建築家に他ならない。このプロセスの中で注意すべきは、注意というよりはむしろ驚嘆すべきは、建築自身のあり方が一度も問われていないことである。建てる理由は問われている。なぜ建てねばいけないのか。なぜ建てる必要があるのか。建てることの政治的、経済的結果も計算されている。しかし、なぜか、その建築自身をどう建てるかについて、そのあり方、その質に関しては、驚くほどの無関心が支配し、誰もそれを厳しく評価しようとはしなかった。

建築が切断であると捉えられていたとするならば、この無関心は当然のことであったのかもしれない。そもそも切断されているものは、その周囲のすでに存在している基準に従って評価するにも、評価のしようがないのである。切断のインパクトだけが問われるという、かつてない野蛮な状態が出現した。結果として二〇世紀建築は歴史上ないほどの質の低さを呈する。他の領域における二〇世紀の達成と比較したとき、建築の領域の低調さは目を覆うべきものがある。量的には「建築の時代」と呼びうるだけの圧倒的達成がありながら、質的には惨憺たるものとなった。建築自身に意味を求めず、建築することにだけ意味を求めた結果が、われわれに振りかかっているのである。

しかし状況は大きく変わった。建築はかつてない逆風にさらされている。社会が建築を必要としているどころではなく、社会の敵にも等しい扱いである。まさにリバウンドと呼ぶにふさわしい。強精剤によって無理やりに昂進させられた建築的欲望が、何倍かの強度でリバウンドしている。

理由、きっかけのたぐいはいくつでも思いつく。ひとつは経験の蓄積。建てることを経験しただけでなく、建てて住み続けること、使い続けることを多くの人が経験した。建築を切断されたものとして判断するのではなく、時間というとめどもなく長い連続体の一部として建築を判断することが可能となった。建てるまでの時間は一瞬と呼べるほどに短く、建ててからが長い。建築が生きる時間というのは、本来そのような性質を有する時間であった。建ててから、メンテナンスとオペレーションという形でいかに多くの投資を注ぎ続けなければならないか。生活は変化し続けるにもかかわらず、建築は変化せず取り返しがつかない。にもかかわらず、金とエネルギーは注ぎ続けなければならない。

二〇世紀の個人住宅、公共事業のうちのどれほどが、その覚悟をもって建設されただろうか。建築を建てた人間は、その事実にいずれは気づかざるを得ない。たちまち気づかせてくれるほどの不連続な変化も、決して少なくはなかった。たとえば阪神・淡路大震災では二重ローンが話題になった。ローンが完済する前に、建築が地震で崩壊し、住む家を再び手に入れるためには二重にローンを払い続けなければならないという悲劇。

そもそもケインズ自身が、自らの政策の中に、時間への配慮が欠落していたことに気づいていたふしもある。あなたの政策は長期的に見れば、少しも問題の解決になっていないとある日ケインズは問いつめられた。長期的に見れば全員が死んでいますとケインズは答えた。きわめてウィットに富んだ、惚れ惚れするような受け答えではある。しかし、彼にはまた、切断を越える意思も構想力もなかった。短期的な処方をとりあえず重ねるのがケインズ政策の本質であることを、彼は自らここで正直に告白している。刹那という名の切断を反復した結果が、時間という延長になるという時間観の持ち主であった。経験とは時間に対する想像力である。時間に対する想像力が精緻になり深められることで、持ち家政策もケインズ政策も破綻せざるを得なかった。

同様にして、スケールに対する精緻な計算も二〇世紀建築を破綻させていった。先述のように建築の大きさがケインズ政策の拠り所である。大きくてヴィジブルなものを中心にして、政治も経済もドライブされていくというヴィジョンであった。その大きさゆえに乗数効果が生まれ、景気の浮揚も可能となったのである。しかし、今や経済全体のスケールも、また速度も、ケインズの時代とは比較にならないほど増大した。各国経済を区画していた障壁は消え失せ、グローバリゼーションという名の世界経済の接合が、経済というもののスケール感覚を変質させてしまった。建築は相対的にきわめて小さい存在となった。このちっぽけなものを用いて、経済全体を浮揚させる乗数効果など、とても期待できないのである。小さくなっただけではなく、経済においてスケールを問うということの意味が変わってしまった。建築とはそもそも切断しようもなく、様々に外部と連続しあう関係性でしかない。建築のスケールを測定したり、スケールに期待するということ自体が、すでに意味を喪失している。時間も空間も物質も、すべては連続的に切れ目なく続いている。切断の時代は終わったのだ。

建築を建てる理由自身が崩壊し、その結果に対して期待すること自体が意味を失ったとき、建築に逆風が吹くのは当然であろう。しかし、ならば、建築はもはや必要ないのであろうか。建築が必要か不必要か。その設問自体の不毛を乗り越えることが本論の目標である。持ち家政策が唱えられ、ケインズが登場した二〇世紀初頭にも、同じ設問がたてられた。建築は必要か不必要か。どんな建築が必要かは問われなかった。建築はなんとしても必要だというのが、そのときに社会が出した答えであった。社会が存続するために。資本制が破綻しないために。革命が起こらないために。とにかく建てることが必要だという粗雑な答えが出された。建てるという切断が必要とされ、切断としての建築が必要とされた。その答えの命じるまま、われわれは走り、建ててきた。

今また同じ粗雑な設問が繰り返されている。建築の領域のみならず、経済、政治をも巻き込んだ広汎な領域で、同じ設問が繰り返され、熱い議論が闘わされている。建築は必要か不必要か。

それに対し、今度こそは、もう少し精緻な解答を出せないものだろうか。性急で感情的な答えではなく、深く、射程の長い解答。そのためには、まず、切断としての建築という前提を疑うところから始めたい。切断としての建築ではなく、接合としての建築というものがありえないか。

たとえば空間的な接合。建築とその周囲の空間とを、ひとつながりのものに接合してしまうのである。二〇世紀の建築では切断自身に大きな意味があった。それゆえ、手をかえて何重にも切断が行われた。まず建築を建てるための敷地というフレームが設定され、周囲の土地から敷地という特別な場所が切断された。敷地という孤独な平面。その切断の上に、建築という孤独な塊が建設される。二重の切断の上に成立する、輝かしき孤独な物体。

全く逆に地面のような建築はどうだろうか。地面は切断することができず、延々とつながっている。そこでは大きさというものの、意味がなくなる。地面が大きいなどとは誰も言わない。大きくヴィジブルであるという建築の基本的特性自体が消滅する。われわれがそこで認識できるスケールは、たとえば地面の上に咲き乱れる花の花弁のスケールであったり、あるいはそこにころがっている石ころのスケールである。地面は花や石ころのスケールとして出現する。花や石ころはわれわれにとってここちよく、やさしい。そのような形で、建築とスケールという問題を考え直せないだろうか。

物質的にも建築と周囲とを接合できないだろうか。二〇世紀の建築は、周囲の環境を構成する物質とは異質の物質を用いて作り上げられることを前提としていた。たとえばコンクリートや鉄材のように、人工的に製作された、かつてどこにも存在しなかった物質。そのような「異物」で作られた建築は、当然のこと、孤独な物体として周囲から切断される。異物で作られた建築は、時がきて朽ちても、再び土にはかえらない。

逆にその周囲にころがっている、凡庸な物質を使って建築を作れないだろうか。たとえば地面の土をそのまま固めて、積み上げて建築は作れないだろうか。この工法は少しも新しい工法ではない。日干しレンガ(アドベ)と呼ばれる工法で、かつては地球上の広いエリアで日常的に行われていた。現在でも南米やアフリカではアドベで建設された家に多くの人が住んでいる。この工法をもはやノスタルジーとは呼べない。物質の浪費が建築であるという定式をくつがえす先端のテクノロジーである。建築は物質を浪費しないかもしれない。むしろ物質を再生し、蘇らせるかもしれない。建築は物質の循環の一部へと接合されうるかもしれない。

時間的な接合は最も重要な課題となるであろう。建築は時間を何回も切断すると考えられていた。まず既存の建築が壊され、何もない白紙の敷地が用意される。その上に突然建築はたちあがる。時が来て、再び建築は破壊され、時計の針はゼロ点にリセットされる。コンクリートという素材が、さらにこの二〇世紀的な時間概念を補強した。コンクリートにおいてはすべてが突然である。水のようにドロドロとしていたものが、ある日とりかえしのつかないほどに固くなり、もはや後戻りはできない。後戻りをしようと思えば、莫大なエネルギーを用いて粉々に粉砕し、無理矢理にゼロにまで戻さなければならない。

木造の時間はそういう不連続なものではなかった。骨組みを残しながら、少しずつ建築は変わっていく。少しずつ建て、少しずつ直し、少しずつ壊していくのである。突然という時間はない。時間の切断はない。始まりもなく、終わりもない。完成は永遠にやってこない。建築とは一瞬の出来事ではなく、時間の流れそのものであった。そのような長い時間の全体をデザインできないものだろうか。長い長い時刻表のような、もっといえば日記であり歴史でもあるような、時間の設計図を描くことができないだろうか。われわれが日常設計図と呼んでいるものは、そういう無限の奥行きを持つ設計図のひとつの切断面にしかすぎない。目の前の設計図とはそれほどに貧しく薄っぺらい存在である。

建築はそのようにして、様々に接合しうるはずのものなのである。もし、そのようにして、繋ぐことができたならば、例の設問に対しても、もっと違った解答をだせるのではないだろうか。建築は必要か不必要か。建てるべきか、建てざるべきか。あるいは建築か革命か。

粗雑な設問を超えること。そのために建築は切断であるという前提を疑うこと。切断されたオブジェクトではなく、関係性としての建築について考察すること。まずはそこから始める。

2　場と物

一九八〇年代という、近くて遠い時代の二つの突出した現象から話をはじめる。ひとつは、「バブル」であり、ひとつは「ポストモダン建築」である。そしてこの二つの現象の併存は、単なる偶然ではなかった。なぜ「バブル」の時代は同時に「ポストモダン建築」の時代でもありえたのか。この問いに答えることが、一九八〇年代という特別な時間の謎を解くことに結びつくかもしれない。

一九八〇年代とはまず「バブル経済」の時代であった。「バブル経済」の時代とはマネーゲームの時代であった。マネーゲームが破綻、崩壊した時に、人々はそれをバブルと呼びかえたのである。一九八〇年代の初期にまず企業の間で「財テク」(2)と呼ばれる投資ブームがまきおこり、それが一般大衆の間にまで拡張され、それに対してマネーゲームという呼び名が与えられた。

ではマネーゲームはなぜかくも大きなブームとなりえたのだろうか。時代を支配するほどの現象となりえたのだろうか。二つの要因が重なってこのブームは生まれた。ひとつは高度成長経済から低成長経済へのドラスティックな転換である。企業の業績の伸びが頭打ちとなり、個人の賃金上昇も同じく頭打ちとなった。企業も個人もフローによって潤うのではなく、高度成長期に貯めこんだストックを運用することに活路を見出そうとしたのである。

この現象は日本に限られた現象ではなかった。第二次世界大戦後の高成長率が急激に鈍化したアメリカでも同様にフローからストックへという指向性が高まり、ストックの運用としてのマネーゲームへの関心が世界的規模で高まったのである。

マネーゲーム・ブームの二つめの要因は、情報化の進展と、それに伴うあらゆる分野での脱領域化であった。この要因も当然のこと、日本だけに限定されない。情報化によって世界中の様々な金融商品・情報、不動産情報へのアクセスが可能となり、それらの商品への実際の投資さえも可能となった。国によって程度の差はあるものの、世界規模のマネーゲームがスタートしたのである。

この二つの要因が日本において、日本に固有の土地神話と結合した時に、未曽有の不動産ブームの火蓋が切って落とされたのである。日本の八〇年代の変化はすべてにおいてドラスティックであった。高度成長へのブレーキのかかり方もドラスティックであったし、情報化社会への投げ出され方もドラスティックである。しかし、この国にとって決定的であったのは、なんといっても土地神話との結合である。巨大な人口をかかえ、しかも国土が限定されている日本において、土地の値段は永久に下がることはないと、人々も金融機関も財政当局も信じ切っていたのである。その土地神話を背景にして、マネーゲームの原資としては充分すぎるほどの担保能力を企業も個人も獲得することができた。

脱領域化のプロセスにおける、進行速度のズレ。それがその時ここでおこったことのすべてである。あらゆるものの脱領域化が急速に進む中で、土地の脱領域化のみが極端に遅れた。土地の脱領域化の遅れとはすなわち、他に安い土地があるからといって簡単に引っ越したり、事務所を移したりはしないということである。そこに日本における土地価格の高騰の基本的な原因があった。最終的には、あらゆる領域で境界が消滅し、すべてのものが脱領域化されていくのだとしても、その過程においてはその進行の速度に大きなズレが生じる。たとえば土地とか身体といったものは、きわめてスローな速度でしか脱領域化していかない。アメリカの土地が安いからといって、そこに移住しようという日本人は少ないし、他人の身体が気に入ったからといって、そこにそう簡単に乗り移れるわけではない(3)。脱領域化の遅延によって生じるその種のズレの周辺に、様々な予測不可能な事象が生起する。遅延した領域に属する資源に対する過大評価も、その一例である。過大評価された資源に対しては、脱領域化されて流動性を増した資源が、一気に流れ込む。バブルとはまさにそのような現象であった。

「永久に値下がりのない」という神話にプロテクトされた土地という商品は、担保としてのみ活用されたわけではない。永久に値下がりのない商品は、もちろんのこと投資先としても最も注目され、莫大なマネー(八〇年代から投資にまわされるカネがこの言葉で呼びならわされるようになった)が、土地という商品に対してふりむけられたのである。そして土地への注目は、同時に建築物への注目でもあった。土地の上に建築物を建ててひとつのパッケージ商品を作ることにより、全体の商品価値を水増しして利益率を高めたり、商品を分割して売れやすい価格にまで細分化することが可能となったのである。

土地の価格に関しては容積率(4)とその土地のアドレスを変数として一種のロジカルな計算式が成立する。一方、建築物の価値をはかる客観的な計算式は成立しない。すなわち土地の価格が一種のガラス張りに近い状態に置かれざるを得ないのに対し、建築物の価格を投資家に対してブラック・ボックスとすることはいとも簡単であった。このブラック・ボックスの価値をさらに高め、さらに不透明にするために、外国人建築家が積極的に起用され(5)、新奇なデザインも大歓迎されたのである。

この現象は建設業界でも歓迎すべきことであった。新奇なデザインは投資家にとってブラック・ボックスであるだけではなく、さしあたって建設費を負担する施主(すなわち開発の主体としてのディベロッパー)に対してもブラック・ボックスであった。すなわちゼネコンはこのブラック・ボックスを利用して、ひとつの建築物の工事から莫大な利益を獲得することができたのである。建築設計者達もいうまでもなくこの現象を歓迎した。「芸術家の我儘」であり、「反経済的行為」であるとして、施主から否定され続けてきた新手のデザインが、ある日突然歓迎されはじめたのである。それも、そのような「突飛な」デザイン、工法こそが投資効果を高める「経済的行為」として歓迎されてしまったのである。これがデザイナーサイドにとって嬉しくないはずがなかった。

もちろん「突飛さ」にはそれなりの理論武装も必要であった。建築家達は自ら理論武装につとめたし、建築ジャーナリズムもこの理論武装をめぐる記事や論争に活気づいた。さらにこの分野には、広告代理店に代表される、既成の建築界の外部の人々も積極的に参入した。彼らは商品の理論武装に関してはプロフェッショナルであった。パンフレットや広告というメディアを通して行われる投資家向けの理論武装、あるいは一般のマスコミやジャーナリズム向けの理論武装に関して、彼らは建築家達の数段上をいくノーハウを有していた。そしてなにより、ひとつで数億円、数十億円にもとどくような建築という商品の高価格は、彼らの商売にたいしても充分すぎるほどに魅力的であった。これ以後、建築の世界は代理店業界にとって格好の草刈り場といった様相を呈するのである。

しかも広告代理店は単に販促ツールの製作や販促キャンペーンを目的として、すでに進行中のプロジェクトに中途から「広告屋」として駆り出されるだけではなく、自ら建築プロジェクトを企画、立案する形で、建築の領域に主役として関わるようになったのである。すなわち敷地の選定から、その上に建設される建物の種別、グレード、規模(集合住宅がいいのか、オフィスビルか、ホテルか。たとえば集合住宅ならば、分譲か賃貸か、外国人向けか、ファミリー向けか、一戸あたりの床面積は何坪程度が適切か)、そして建築家の選定にいたるまで、広告代理店にまかされるケースが出現したのである。このケースの場合、建築家は、広告代理店の「下請け」のポジションに転落した。すなわち建築物の平面計画から外装、内装デザインの方向性にいたるまでが、広告代理店によってすべて決定されるのである。建築家に求められた作業は、決定された箱(建築)をつつみこむ美しい包装紙をデザインすることと、その包装紙のうえにうやうやしく、designed by というシグナチュアを付け加えることの二点だけであった。とすれば建築家になりよりも必要とされた才能は「有名である」という才能である。これはジョークでも比喩でもなく、八〇年代の現実であった。広告代理店は実際に、従順で、労働単価の安いゼネコン設計部(ハウスアーキテクト)に平面計画の作製を依頼し、事業的にもマーケティング的にも問題のない平面計画がフィックスされた段階で、はじめて「有名な」建築家とコンタクトをとり、パッケージ・デザインのみを建築家に依頼するという手法を試みた。

建築もまた商品であるならば、このようなやり方も、少しも不自然とはいえない。できあがってしまった商品を広告するだけの「広告屋」から、商品の企画、立案の段階からイニシアティブをとる「広告代理店」へというのが、二〇世紀の広告代理店の進化の道筋だからである。投資用の商品として建設されるマンションやオフィスビルが、このような手法によって計画されたとしても、驚くにはあたらない。

しかし現実には、さらにそれ以上のことが行われた。すなわち投資用の商品とはほど遠い種類の建築、たとえば企業の本社ビルや、自治体が建設する美術館や文化ホールにいたるまで、ほとんどあらゆる種別の建築の企画、立案に、広告代理店が参入しはじめたのである。本社ビルならば企業のイメージ戦略（いわゆるCI）をにらんだうえで、それにふさわしい平面計画とデザイン計画の立案が、広告代理店によって行われる。たとえば音楽ホールを併設すべきであるとか、ロビーには緑溢れるアトリウムを設けたほうがいいという提案が行われ、場合によってはその提案をおとしこんだ平面計画さえ、広告代理店の手で作製される。(6) 自治体によって建設される公共美術館の場合には、どんな展示内容を持ち、どの程度の入場者数を見込める、どのような規模、外観、内装の美術館がその町にふさわしいのか。そのすべてを、広告代理店が提案するのである。

ここまでくると、これはマネーゲームによる「建築の商品化」と、それに伴う広告代理店の建設業界への参入という単純な図式では片付けられない。事実、広告代理店の平面計画やデザイン業務への参入を多くの建築家は職域を侵すものとして歓迎せず、「建築の商品化」として広告代理店を批判した。しかし、代理店の参入は必ずしもマネーゲームと連動していたわけではない。マネーゲーム以前、すなわち八〇年代以前から代理店の参入ははじまっていたわけであるし、ゼネコンや内装業者の企画・開発セクションは、もっとはるか以前から、建築の企画、立案、平面計画に代理店的なスタンスで参加していたのである。そして代理店的スタンスとは、実は建築の依頼主(クライアント)の意向を徹底して尊重するスタンス、すなわちクライアントのロジックと言語によって一方的に建築を設計する方法論でもあったのである。

そしてバブルが崩壊し、マネーゲームのブームが終了した後でも、この傾向は継続しているどころか、むしろ進展さえしている。時代、立地、ユーザー等の諸条件の分析と過去の経験の蓄積に基づいて、マーケティングのプロトコルに従って自動的に建築物のプログラム、規模、平面計画、パッケージ・デザインまでが誘導されていく。建築設計はマーケティングの一分野として広義の代理店業界の中に併合されつつあるといってもいい。

代理店にふれたならば、もう一人の主役についてもふれないわけにはいかない。バブルの時代の建築文化を語る上で、ゼネコンのはたした役割もまた、忘れるわけにはいかない。ゼネコンはこの時代の膨大な工事量と、その高い利益率によって、莫大な利益を得た。その利益の一部が先述したような建築家の理論武装活動へと振り当てられたのである。具体的にいうならば、建築家がリーダー・シップをとって行われる様々な文化イベント（たとえば国際シンポジウムや展覧会）に対し、この時代のゼネコンはかつてないスケールでのスポンサー・シップを行った。(7) そのスポンサー・シップのおかげで、日本の建築家はかつてない高い評価を世界の建築界の中で確立することができたのである。たとえば国際シンポジウムの主催者やリーダーとなったり、海外の主要な美術館で展覧会を開くことが、ゼネコンのスポンサー・シップによってはじめて可能となり、それが当事者たる建築家の国際的ステータスを向上させたのである。モダン・アートの世界の停滞と地盤沈下によって、一様に経営危機にあった海外の美術館も、日本の建築家がもちこんだ企画を歓迎した。海外の多くの一流美術館で、この時期、日本の建築家の個人展が数多く開催されたのはこの事情による。さらに日本国内のプロジェクトに海外の建築家を推薦、紹介する行為を通じても、日本の建築家は自らの国際的評価を高めた。当時の日本の経済力が、これらすべての文化活動の背後にあって、それを支えていたわけである。

見方によってこれは皮肉な現象でもあった。国内においては広告代理店が建築家の職能の中枢部分を侵しつつある一方で、海外においてはかつてない高い評価を獲得することができたわけである。様々な領域で空洞化が叫ばれたのがこの時代であるが、建築文化の分野でも、まさに空洞化が進行していたのである。

このような様々なパラドクスを内包しながらも、八〇年代日本の建築文化はかつてない活況を呈し、建築は国内でも時代の花形としての注目を浴びた。海外の建築家は日本での仕事を求め虎視眈々としていたし、ゼネコンの資金を背景に加速する建築文化は、海外からも熱い注目を浴びた。八〇年代の建築文化の背後にバブルがあったからといって、ここに花を咲かせた文化のすべてを否定しようとは思わない。すべての個性的な文化の背後には、それぞれに奇形的な社会的、経済的特殊性がある。こと建築文化に関していえば、経済のバブル的膨張と建築文化の隆盛の間には、いつの時代にも強い相関関係がある。しかし、にもかかわらず八〇年代の建築文化が今日すでにして色褪せてみえるのは、経済と同様に、その文化の本質がかさ上げにあったからである。たとえば、バブルが始まった時点ですでに権威を有していた海外の建築家が招かれて仕事をした。すでに確立していたブランドが、建築という商品の価格のかさ上げに利用されたのである。もちろん、利用された建築家も、予算に余裕のある大規模な作品を実現する機会を得て、そのステータスはかさ上げされたわけであるが、ブランドがブランドらしさを逸脱することは決して許されなかった。マイケル・グレイブス(8)は、マイケル・グレイブスらしいデザインをしなければ喜ばれなかった。その期待に応えられる建築家だけが海外から招かれ、毎回作品のデザインがドラスティックに変化するフィリップ・ジョンソン(9)のようなタイプの建築家は敬遠されたのである。

日本の建築家についても同様であった。バブル以前にステータス(ブランド)を確立し、作品の安定している建築家が設計者として好まれた。単に設計者として好まれただけでなく、そのようなステータスに対して、ゼネコンは積極的に支援活動を行い、結果としてそのような既成のステータスが海外での評価をも獲得し、ステータスのかさ上げが行われたのである。デザインの領域においてさえフロー(現時点での実力)よりもストック(それ以前に積み上げてきたもの)が重要視されたのである。

一九二〇年代のニューヨークも、八〇年代の日本と同じようなバブルに見舞われ、同じようにして不動産ブーム、建築ブームを経験[10]したが、この時代には新しいコンセプトとともにたくさんの新しい建築家が登場し、また数々の建築的実験が行われた。たとえばロックフェラー・センターのような新しい形式の都市的複合体もこの時代の産物であり、その後の二〇世紀の都市建築物のモデルはほとんどすべてこの時代に用意されたといってもいい。それと比較すれば、日本のバブルがいかに既成の権威、既成のデザインのかさ上げだけに終始し、後世に対する提案、ヒントに欠如していたかが明らかになる。

以上がバブルの解説である。またバブルの時代がなぜ同時に「建築の時代」であり「建築文化の時代」たりえたかの解説である。建築の領域の外部(社会や経済)の状況(バブル)から説きおこして、八〇年代の建築、都市を解説しようとすると以上のストーリーになる。しかし、以上の「バブル論」だけでは、この時代の建築、都市の特殊性の半分しか語ったことにならない。

もう片方とはすなわち、この時代のデザインの特質からバブル時代の都市と建築を論じる視点である。デザインという観点からみれば、八〇年代とはまさにポストモダンの時代であった。ポストモダンの建築とは何であったのか。なぜポストモダンの建築が八〇年代を支配し、バブルの時代と重複したのだろうか。

世の中がマネーゲームに浮かれるだいぶ以前から、建築の世界ではポストモダンという用語が歩きはじめていた。一九七七年にチャールズ・ジェンクス(11)によって書かれた「ポストモダニズムの建築言語」("The Language of Post Modern Architecture")がポストモダンという単語の流行のきっかけとなったが、実際には後々ポストモダンという言葉で括られるであろうムーブメント(12)の登場は、一九六〇年代にまでさかのぼる。

ロバート・ヴェンチューリによる「建築の複合性と対立性」("Complexity and Contradiction in Architecture", 1966)は建築におけるポストモダンのムーブメントの、最初のマニフエストであった。ヴェンチューリの著作は、過去の様式的建築物の写真と図版が大量に収録されていることで、まず人々を驚かした。様式的建築物は長い間、建築の世界では「禁句」に近い存在だったからである。

二〇世紀初頭、建築におけるモダニズム運動が起こった。機能主義(13)が唱えられ、「装飾は罪悪である」(14)というスローガンとともに、一九世紀以前の様式的建築物はすべて批判され、否定された。装飾のない、単純な形をした白い箱のような建築が提唱され、そのような建築様式がモダニズム建築と呼ばれ、それ以降二〇世紀のほとんどすべての建築家がこの様式に従って創作を続けたのである。

ではそもそも、なぜモダニズムは装飾を否定し、様式的建築を否定したのだろうか。ポストモダニズムを論じるにはまずこの設問から始めなければならない。この設問に対する解答は様々である。職人的な手仕事にかわって、近代的な諸技術が登場し、その技術的な転換が建築表現の転換を招来したという説[15]。一九世紀の折衷主義、すなわち様式の相対化現象が飽和し、その結果として零度の様式としてのモダニズムが登場したとする説など、様々である。

それらの原因が重層して、モダニズムが生まれたには違いないのだが、多くの建築史家は「様式の生態学」にのみ目をうばわれ、モダニズムを生むにいたった「経済学」を見落としている。モダニズムを生み出した経済学とは、一言でいえばオフィスビルという経済学である。すなわち一九世紀にオフィスビルというビルディング・タイプ(建物の種別)が登場したことが、モダニズムの誕生のトリガーとなった。この重要な事実に歴史家や建築家の注目が向かわないのは、モダニズムの本来のルーツであるところの初期オフィスビルを設計した建築家達が、宣言もせず書きあらわすこともしなかったからである。モダニズムの主要な宣言、言説は、二〇世紀になって、実験的な小住宅によってデビューしたアヴァンギャルド建築家達の手によるものだったからである。彼らは小さな住宅しか作っていなかったが、大いに書き、大いに喋った。逆に一九世紀にオフィスビルの原型を作った建築家達は自分達でも意識しないうちに、いつのまにかモダニズムへと到達してしまったのである。

一九世紀のオフィスビルは単に近代という時代の産物であるからという理由で、モダニズムのルーツとなったわけではない。産業革命によって生み出された大工場がいかに近代的なマシーンによって埋め尽くされていても、モダニズムのルーツとは呼ばれない。あるいは一九世紀のブルジョアジーの住宅も、モダニズムのルーツとは呼ばれない。なぜなら、それらは一定の所有者のために建てられ、原則的にその所有者に最後まで帰属するものだったからである。工場や住宅に限る必要もない。そもそも建築というものは原則的に、そのような形で、特定な主体に帰属するものであった。

それに対し、オフィスビルというのは基本的に不特定な主体、交換可能な主体への帰属を前提として建設されたビルディング・タイプであった。今日はA社のオフィスとして使用されるが、明日はB社のオフィスとして利用されることになるかもしれない。そのような交換可能性、脱主体性を前提として、オフィスビルは建設されたのである。

交換可能な主体を対象とする建築に要請される特質とは、ニュートラルな建築表現を追求し、ニュートラルな内部空間を構築することであった。装飾的な外観や、特定の建築様式への帰属はもちろん、ニュートラルな表現からはほど遠いものであった。変化やメリハリのある内部空間ももちろん不適切である。同一の天井高を持つ、できうる限り均質な内部空間が望ましいものとされた。いってみれば個々の主体の恣意的な欲望から可能な限り距離をとることが、この種の建築物に要請された。モダニズムという建築様式は、そもそもこの種の交換可能性、あるいは脱主体性に適合した建築様式として生成されたのである。そしてオフィスビルというビルディング・タイプが、二〇世紀都市における支配的なビルディング・タイプとなるプロセスと並行して、モダニズムもまた二〇世紀の支配的建築様式の座を、たちまちにして獲得したのである。

モダニズムはこのようにして、画期的な成功を収めた。その成功の原因は、欲望との絶妙な距離設定にある。すなわちモダニズムは脱主体性を唱えながら、しかもそれぞれの主体の欲望を決して全面否定しなかった。モダニズムの代表的建築家であるミース・ファン・デル・ローエ(16)はユニバーサル・スペースという空間概念を提唱したが、ユニバーサル・スペースこそは建築と欲望との距離に関する新しいフォーミュラの設定に他ならない。

ユニバーサル・スペースとはどのようにでもなりうる自由なスペースであるとミースは定義した。ユニバーサルとはそういう意味である。その空間はフラットな床と天井という二枚の水平面から構成された完全に均質な空間で、その空間を利用する主体が、簡単なパーティション(間仕切)を使って自由に家具を配列することで、その空間のキャラクターやファンクションを自由自在に作りあげていく。

物(パーティションや家具)は欲望に屈服するが、建築は欲望に屈服してはいけないというのが、ミースの唱えたユニバーサル・スペースの理念であった。すなわち建物は物＝商品ではなく、商品の置かれる場であり、商品のメタレベルにある存在だという理念である。ミースは商品と建築に関する新しいカテゴライゼーションを提案し、それを実際の建築物を通じて可視化したのである。この理念は脱主体性を基本的な空間理念とする二〇世紀都市を席巻した。

ユニバーサル・スペースはなぜかくも徹底的に勝利したか。それが欲望を肯定しながら、しかも欲望に屈服しない建築のあり方を提唱したからである。ミースがユニバーサル・スペースを通じて批判しようとしていたのは、一九世紀のブルジョアジーの室内である。そこでは建築と物(商品)とがべったりと癒着し、建築が欲望に対してみじめなほどに屈服していた。

一九世紀のブルジョアジーの欲望は、その室内に投影されたと語ったのは、ヴァルター・ベンヤミン(17)である。そこには彼らの夢、趣味、欲望の投影された物たちが並べられ、壁や天井等の内装もまた、無数の装飾、素材、色彩で埋めつくされていた。このような状態の室内をベンヤミンは「挫折した物質」と名付けた。ここでは、建築も物もすべてが資本制内部の物の循環、連鎖から脱落し、ただ静かに死を待っているのである。なぜなら、当人以外の人々にとって、この「挫折した物質」は気色の悪い汚物でしかないからである。

もちろんブルジョアジーの室内だけが「挫折した物質」であったわけではない。住宅という存在自体が、そもそも「挫折した物質」であるということを、エンゲルスは別の表現を用いて述べている[18]。彼は労働者を対象とする「持ち家政策」に対し反対を唱えた。なぜなら資本制のもとにおいて、資本家以外の階級がいかに住宅を私有したところで、それは資本とはならず、利潤を生み出すことはない。とすれば資本家から疎外された労働者のポジションには何ら変わりがなく、それどころか住宅を私有した労働者はローンの支払いに追われ、かつての農奴と同様に土地に縛られ、労働を強制されることになるというのである。

ユニバーサル・スペースは建築を「挫折」から救出するための処方箋のようなものであった。建築は物(商品)と切断され、永遠に挫折することなく輝き続けるのである。しかしこの処方箋はベンヤミンの指摘に対しては有効であっても、エンゲルスに対しては答えていない。ユニバーサル・スペース(モダニズム建築)といえども、それが資本とならってお金を生むことがない物質であるならば、所詮は「挫折」する以外に途はないのである。

エンゲルスに答えるためにはもうひとつの処方箋が必要であった。そのために二〇世紀が用意した処方箋が、都市計画におけるゾーニングという考え方であった。

ゾーニングとは一言でいえば、その場所で建設できる建物の種別とヴォリュームとをあらかじめ設定し、制限する法制度である。(19) それ自身が資本とならない住宅のような建築物もこの法制度によって一種の資産としての価値を保障される。たとえば容積率三〇〇％といえばその土地の上に、土地の面積の三倍までの床面積の建築が可能である。その場所の家賃の相場とゾーニングによって定められる建設可能床面積が決まれば、土地の値段はほとんど自動的に決定可能である。逆にもしこの制度をもうけなければ、土地の上にはいかなる規模の建築が建てられるかも分からず、地価は決定不能となる。一見するとゾーニング制度の目的は環境の保全であるかのように思える。しかしその裏にある思想は、土地を資産化し、その資産価値を安定化することだった。住宅もまた資産たりえる。ゆえに「挫折」しない。それがエンゲルスの問いに対する、二〇世紀流の解答であった。

ゾーニング制度は確かに様々なフェーズにおいて、二〇世紀の都市を救出した。容積率制度導入以前の地価はきわめて不安定な状態を余儀なくされていた。一九二〇年代のニューヨーク市のバブルの原因のひとつが、容積率制の不備にあるといわれる。当時は高さ制限も容積率も不備であり、今日から考えれば信じられない話だが、敷地面積の四分の一以内の部分には、無制限に塔状建築を建てることが可能だった。クライスラービル(図3)、エンパイアステートビル(図4)などの高容積のスカイスクレーパーがその敷地の四分の一の部分に、一切の高さ制限を受けずに次々と建設された。結果、オフィスビルに膨大な空室が生じ、資産価値も賃料も突如暴落することとなったのである。その反省からゾーニング制度が整備されていったのである。自由放任政策にかわるケインズ政策が二〇世紀の経済を恐慌から救い出したように、二〇世紀の都市はゾーニング制度によってかろうじて守られたのである。

図3(右) クライスラービル(設計：ウィリアム・ヴァン・アレン 1930).
図4(左) エンパイアステートビル(設計：シュリーブ・ラム・アンド・ハーモン 1931).

郊外住宅においても同様であった。ゾーニング制度は、住宅建設可能な地域と、不可能地域とを定めた。郊外の「住居地域」[20]という限定されたゾーンにのみ住宅の建設を許可し、さらにそのゾーン内での工場やオフィスビルの建設を禁止することによって、住宅の資産価値は守られたのである。所詮、戸建ての住宅は主体(建て主)への帰属が強く、オフィスビルのように、自由に借り手がつく流動性の高いマーケットは成立しにくい。すなわち脱主体的な手法、すなわちオフィスビルにおけるユニバーサル・スペースの手法を適用することは難しい。とすればエンゲルスが言うようにお金を生む資本としてではなく、資産としての価値をゾーニング制度によって担保しさえすれば、物質は「挫折」から救出されうると二〇世紀の人々は考えたのである。

かくして、ユニバーサル・スペース(モダニズム建築)とゾーニングという二本の柱を支えとして、二〇世紀の都市はスタートした。しかし、この二本の柱はやがて揺らぎ始めた。その最大の原因は、二本の柱の前提としてあった資本制自体の変容である。その変容が、やがてポストモダニズムという建築様式として、可視化され、露見していったのである。

この揺らぎとは一言でいえば、資本と商品(資産)との境界が曖昧化したということである。古典的な資本制のもとにあっては、資本と商品は対極的な存在であり、その境界は明確であった。資本という主体が商品という客体を生産するという関係であり、両者の混じりあうことはなかった。

しかし、二〇世紀後半以降の資本制のもとで、両者の境界はきわめて曖昧になり、資本自体がひとつの商品としての性格を帯びはじめたのである。情報化と規制緩和とがこの変化に大きく寄与した。資本そのものが投資活動の主体ではなく客体(商品)となり、買収や合併も日常的な事件となった。客体(商品)は売れやすい顔(パッケージ)を纏っていなくてはならない。それは資本制のもとでの商品の宿命であった。では資本という商品の顔はなんだろうか。資本の入居しているオフィスビルは、最もわかりやすい資本の顔であった。「挫折しない物質」としてのニュートラルなデザインのみを要求されていたオフィスビルにも、個性的で売れやすい顔(ファサード)、欲望を喚起する顔が必要とされたのである。本社ビルならばなおさらであるが、資本が入居するレンタル・オフィスビルにおいても、個性的な顔(ファサード)が要求されるようになった。ポストモダン・スカイスクレーパーと呼ばれる、個性的な外装デザインを持ったオフィスビルは、まさにこの資本制の変質の産物であった。主体としての資本という形式の対応物が無個性のユニバーサル・スペースであり、客体としての資本という形式に、個性的なポストモダニズムが対応したのである。

郊外の住宅においても、同じような主体と客体の混同、転倒が起こった。国家によって定められたゾーニングが資産(商品)としての価値を保障するというのが、二〇世紀郊外のフォーミュラであった。しかしここでも、二〇世紀後半の資本制の変容は新たな現象を生み出した。資産価値を持つ住宅は、それを担保として容易に資本へと転化し、自ら主体としてマネーゲームへと参加しはじめたのである。土地神話によってかさ上げされた日本の住宅は、信じられないような大きさの資本へと化けてしまった。エンゲルスの警告は彼が想像もしていなかった形で完全に無効となった。労働者と資本家との分節はもはや消滅したように人々は信じ込み、株へ、不動産投資へと走っていった。その投資によってポストモダニズムは加速された。住宅を担保とする資金が、数えられないほどの本数のポストモダン・スカイスクレーパーを生み出したのである。

ではポストモダニズムの建築とはいったい、いかなるデザインであったと総括できるのか。資本制の変容が、ポストモダニズムと呼ばれる建築デザインを誘導した。資本の器、資本の身体としてのオフィスビルに対しても顔、すなわち流通可能な図像性が要請されたわけである。その時、建築家は即座に要請に対応できたわけではない。歴史的な様式的建築のヴォキャブラリーを採用すれば、流通可能な図像性の獲得は容易だった。古典主義建築(クラシシズム)にしろ、ゴシックにしろ、バロックにしろ、モダニズム建築に比べればはるかに強い図像性を有していた。しかし、様式的建築のヴォキャブラリーの使用こそは、モダニズムの最大の禁忌《タブー》だったのである。彼らは逡巡した。職能の内部的な規範(様式の排除)と、社会からの外的要請(図像性の導入)との間で、深刻なコンフリクト(矛盾)が生じたのである。

この時、建築家に可能な選択肢はさしあたり二つであった。ひとつはアカデミックなスタンスをとりながら、徐々に様式的建築の「合理性」「正当性」を証明していく途。先述のロバート・ヴェンチューリの著作「建築の複合性と対立性」(一九六六年)に代表されるアプローチがそれであった。もうひとつは、モダニズムの許容範囲の中で、図像性

図 5(上)　ミネアポリス連邦準備銀行(設計：グンナー・バーカーツ 1973).
図 6(左)　シティ・コープ・センター(設計：ヒュー・スタビンス 1978).

を獲得していく途であった。グンナー・バーカーツ設計によるミネアポリス連邦準備銀行(図5)、ヒュー・スタビンス設計によるシティ・コープ・センター(図6)などは、そのアプローチを代表する作品であった。前者においては巨大なアーチ状の吊り構造が正面ファサードに強い図像性を与え、後者においては最上階の設備機械スペースに鋭角的なシルエットを与えることで、建物頂部に強い図像性が付与された。どちらの場合も、図像性はあくまで機能追求の副産物であり、デザインの基本原理はあくまで技術的な合理性であるというモダニズムの基本スタンスが依然として固守されていた。アクロバティックな言い訳の競争が始まったのである。

ただし、このスタンスはそもそも根本的な矛盾を内包していた。社会が要請していたのは図像性そのものであり、もし図像性とモダニズムの規範を無理に両立させようとすれば、ミネアポリス連邦準備銀行の巨大アーチのような、社会の要請を大きく逸脱した、きわめて不経済、不合理なアクロバティックな技術的解決に向かっていかざるを得なかった。それはすでにモダニズムへの立派な裏切りだったのである。

この矛盾ゆえに、レイトモダニズムと通称されるこの過渡的アプローチは、早々に消滅していくこととなった。かわって登場したのは、きわめて凡庸な技術を用いて建設される、凡庸な平面計画を有する建築物に対して、様式的建築の強い図像性を付与すること、すなわちポストモダニズムの建築であった。ヴェンチューリ達の手によって行われた、技術と計画の凡庸さを称揚する理論武装、たとえば『ラスベガスから学ぶこと』(21)もすでに完璧であった。もはや何物に対しても斟酌する必要はなかった。八〇年代の建築と都市はポストモダニズム一色に染めあげられたのである。

しかし、バブルがはじけると同時に、ポストモダニズムもまた見事にはじけた。資本の商品化、建築の商品化という新しい現実に接し、建築家はそれをポストモダニズムという建築言語に翻訳した。しかし、その商品自体が一足先に暴落した。同時にポストモダニズムというデザインのトレンドもまた、一夜のうちに見事に暴落したのである。

このトレンドは何だったのだろうか。確かにスタイルとしてのポストモダニズムは終わった。しかし、建築の商品化自体はむしろ加速してさえいる。では何が違っているのか。八〇年代をふり返れば、われわれは建築という商品のデザインについて、その取り扱いについて、あまりにもナイーブ(幼稚)に過ぎた。脱領域化、情報化の時代の中で、この商品はあまりにも重いということに気づかなかったのである。製造においては莫大なエネルギー、物質、空間を消費し、かついったん作られてしまったならば、ほとんど半永久的にその空間を占有し続け、都市の中にその姿をさらし続けるのである。時の変化に応じてモデルチェンジが繰り返され、絶えず新製品の投入が可能な軽い商品と比較した場合、建築という商品の重さはほとんど絶望的である。にもかかわらず、軽い商品をデザインしたり作るのと同じように、建築が作られたのである。

ではなぜこの脱領域化、情報化の時代にこの重い商品がブームとなったのであろうか。この重い商品に対して、巨額の資金がなだれ込んだのだろうか。

この時代にようやく、建築が誰でも、気安く買えるようになったからである。いままで手の届かなかった物が、買えるようになったときに、人々は異常に興奮し、過剰に反応する。そのように、人々が建築に過剰に興奮した時代が八〇年代であった。では、なぜ買えるようになったのか。脱領域化、情報化によって建築の大きさが相対的に小さくなったからである。そこにこの時代の最大の逆説が存在した。脱領域化、情報化のプロセスの中途の一地点で、人々はそのプロセスとは最も縁遠いと思われる重い商品に熱狂してしまったのである。それはある意味で脱領域化というプロセス自体の宿命でもあった。脱領域化によって重い商品は次々と制覇されていく。相対的に重かったものが、軽く小さく感じられる。同じものが違って感じられたのである。その感じ方の変化が、逆に物のあり方を変質させ、デザインを変質させていく。奇妙な逆流である。八〇年代とはその逆向きの波が建築をおそい、建築が大きく変質した一〇年であった。

その結果として世界中の都市には無数のポストモダン・スカイスクレーパーが残された。かつてベンヤミンは一九世紀に建てられたブルジョアジーの邸宅を眺めて「挫折した物質」と呼んだ。二〇世紀末、われわれの都市には「挫折した塔」が残された。どちらも救いようがないほどに重く、暗い。ともに脱領域化のプロセスの特異点の産物であった。

ミースはこの「物質の挫折」から人間を救い出すためには、建築と物(オブジェクト)とを切り離すしかないと考えた。建築は物のメタレベルにあるニュートラルな場であるべきであり、その均質な場の中で物と欲望とが自由に軽快に、運動を繰り広げるというイメージである。それを彼はユニバーサル・スペースと呼んだ。しかし、建築もまた物質として作られるほかないならば、それは純粋な意味での場とはなりえない。ユニバーサル・スペースは仮説であり、彼の願望でしかなかった。それがモダニズム、ポストモダニズムを経過した後に、われわれが得た貴重な教訓である。

より正確にいうならば、場と物(オブジェクト)との関係は、すべて相対的なのである。

永遠に場であり続けるものもなければ、永遠に物(オブジェクト)であり続けるものもない。かつては場であったはずのものが、脱領域化の進展によってより軽く速くなり、いつしか物(オブジェクト)へと転換されるのである。建築という存在が絶対的な重さを有していた時代は、建築対物という分割が有効であった。すなわちミース流の分割、ユニバーサル・スペースという形で形式化された切断が有効であった。しかし物も建築も含めて、すべてがより軽くなった時、この分割はもはや無効となる。ポストモダニズムとバブルをめぐる一連の出来事は、この分割が失効したことの証明でもあった。

われわれは場と物(オブジェクト)の新しい分割を、今模索しているのである。環境という絶対的な場があって、その中に建築という物をも含めたあらゆる物がオブジェクトとして浮遊するという分割も、ありえるかもしれない。ミースの分割にかわる、ひとつの新しいモデルである。このモデルにおいては、建築は物としての軽さを持っていることが重要となる。かつてミースがパーティションや家具を極端に軽い物としてデザインし、場とオブジェクトを切断したように、建築そのものを可能な限り軽く小さくすることで、建築が環境に対して与える付加を軽減する建築のあり方が要請される。ル・コルビュジエの提唱したピロティー(22)は軽い建築が環境から切断されたイメージを提案している。彼はこの分割方式の先駆者かもしれない。ガラスを多用した徹底的に軽い建築デザインは、この分割を指向しているともいえる。

しかし、いかに新しい分割線を引こうとも、これらの分割モデルは、分割という近代的方法論からは少しも抜け出せていない。場という不変のものと、欲望の対象物としての物(オブジェクト)とに世界を二分するという方法論から抜け出せていないのである。

世界を場と物とに分割する思考形式は単に近代の建築やデザインを支配しただけではなく、われわれの思考の全領域を侵している。たとえば関数という思考形式。関数という不変の場に対して、置換可能な変数を代入するという思考形式も同型である。その際、関数が線形か非線形かという類別、すなわち予想可能か予想不可能かという類別は大きな意味を持たない。その意味で非線形論は退屈である。関数と変数というペアを設定した段階で、すでに場と物という分割図式に支配されているのである。

では分割を乗り越えることは可能か。オブジェクト指向と呼ばれるコンピューターOS(オペレーティング・システムの略)の新しさは、関数と変数という類別の否定にある。そこでは、関数の中に変数が代入されるのではなく、関数も変数も等価なものとして取り扱われる。それによって演算速度は飛躍的に向上した。オブジェクト指向という呼び名がそもそも誤解を招きやすいのだが、ここで言うオブジェクト指向とは、場とオブジェクトを類別せずに、演算子(場)も変数(オブジェクト)も、すべてを等価なオブジェクトと見なすという意味でのオブジェクト指向なのである。従来のOSでは関数が複雑化した時、関数の入れ子状態(サブルーティンと呼ばれる)が重層し、演算処理に時間がかかる。オブジェクト指向の場合にはそもそも上下のヒエラルキーがないので上位のものが下位を含む入れ子状態が発生せず、関数が複雑になればなるほど、そのフラットな方法の優位が確認されるのである。

われわれに今、要請されているのは、オブジェクト指向と同型の思考方法、すなわち場とオブジェクトとを分割しない思考方法である。場と物の境界は曖昧であり分割不可能である。世界が複雑になるとは、そのような状態をさす。物、建築、都市はすべてほぐしがたい形で癒着している。実際にはさらに、それらに関わる情報、欲望までもが、わかちがたく重層し、溶融し、そこに場と物という図式をあてはめること自体がすでに意味を失っている。

重要なことは、そのように溶融していたとしても、世界は決して理解不能、計算不能なカオスではないということである。充分に複雑ではあるが、にもかかわらず、理解可能、計算可能なものである。そのような複雑性が充分に処理可能であることを、コンピューターによってすでにわれわれは学習したのである。近代の都市計画、モダン・デザインの基本は分割原理であった。分割にかかわる原理があることをすでにわれわれは予感している。予感しているだけではなく、演算もすでに始まっている。

3 批評性とはなんだったのか

批評性というタームは、近代という時代を読み解くためのひとつのキーワードであろうと、僕は感じている。この言葉はずっと気にかかっていた。この言葉に妙な魔力を感じたからである。「批評性がある」とは、設計者にとって最大の賛辞である。「美しい建築」といわれるよりも、「批評性がある建築」といわれたほうがはるかにうれしい。なぜそれほど強烈な魔力を持つのか。しかし、その魔力に比して、批評性が何を指し示すかは、意外に曖昧である。この曖昧さを解き明かしてやることが、近代という時代を解くために、あるいは近代という時代の産物である近代建築を批評するために(あえて批評性というタームを重複するとすれば)どうしても必要なことであるように思うのである。

そのためには、まず、批評性という一種の美学上の、あるいは建築計画論上の概念の背後に、批評するという具体的なベクトルを発見してやることである。批評するというベクトルの主体と客体、その方法と成果とを明らかにすること。誰が誰をどのような目的で批評し、それによって何を得たか。批評の背後には、必ず、何らかの権力闘争が存在していることを忘れてはならない。そして、建築やアートの領域における権力闘争は、作品と無関係にどこか別の場所で行われるという性質のものではない。権力闘争の中心には、作品というコアがあり、作品という武器を中心に据えて、闘われる。闘争のフィールドは言説やメディアや徒党の編成をも含んで無限に連鎖し拡張していくが、闘争ツールとしての作品の中に、批評性という鋭利な矢尻がこめられていなくては話にならない。より正確にいえば、批評性を中心にして、作品の全体が編成され、さらにその周囲の言説、メディアを含めてのすべての環境(戦線)を編成しながら、作家達は体を張って闘ってきた。

その意味において、批評性という概念、あるいはツールは、近代に固有のものではない。いつの時代においても建築やアートという行為の周辺には権力闘争が存在していたわけであり、権力闘争が存在するところには、批評性が存在したはずなのである。しかし実際には、建築の歴史において、二〇世紀ほど、批評性という概念がはっきりと意識され、実践された時代はない。なぜなら、そこにはかつてないかたちの、緊張した権力闘争が存在したからであり、権力のドラスティックな交替が行われたからである。

その交替とは、既成の国家権力によって地位と仕事を保障された建築家から、モダニストと呼ばれる一群の新興の建築家への、権力の交替である。この交替は二〇世紀初頭の事件であった。モダニストと呼ばれる人のほとんどは、その時点では既成の権威と保障の外部にいた。ル・コルビュジエもミース・ファン・デル・ローエも、当時の正統的建築教育機関であるボザールの教育は受けてはいないし、通常その教育の結果として、国家から与えられる権威と保障の外部に置かれた。彼らはやがて、二〇世紀建築界のヘゲモニーを握るわけであるが、この権力の交替のプロセスの中で、彼らはどんな武器を用いたのであろうか。武器と呼ぶにはあまりにも小さくて頼りなげなもの。そう、彼らが用いた最も強力な武器がちっぽけな「住宅」であったのである。彼らは「住宅」、さらに具体的にいえば、中産階級のための郊外型戸建住宅を武器とすることで、二〇世紀のヘゲモニーを獲得した。同時に、彼らが多用し、彼らが提案した「住宅」こそが、彼らの限界を規定し、彼らの建築を拘束することになったのである。住宅はなぜそれほどに強力な武器たりえたのだろうか。住宅とは近代建築運動にとって、何だったのだろうか。

彼らはいかに「住宅」を利用したのか。モダニズムのムーブメントの初期において、郊外型戸建住宅というテーマは、必ずしも中心的テーマではなかった。目の前にある、制度的建築物(通常ボザール建築と呼ばれた)の否定こそが、緊急の目標であった。ボザールと呼ばれる国家認定の教育機関で教えられていた、厚い壁を持つ閉鎖的で重くモニュメンタルな建築物をどう否定し去るのか。批評はそのようなかたちで発動されたのである。すなわち空間の流動性という問題、組積造というリジッドな構造体からの解放の問題、装飾の排除という問題。これらのアジェンダが、モダニストの関心の中心にあった。白い無装飾の壁と柱で作られた、窓の大きな明るい建物。目に見える新しい建築ヴォキャブラリー(武器)を用いてボザールは具体的に批評されたのである。

しかし、このアジェンダは第一次大戦を機にして、微妙に転換されていく。すなわち「住宅」という問題へと、モダニストの関心の中心は移動していくのである。その移動の先導役を果たしたのが、第一次大戦前はほとんど活動を知られることのなかった二人の若きニューカマー、ル・コルビュジエとミースだった。

このプロセスにおける、第一次大戦という日付の意味に、われわれは注目すべきである。第一次大戦によってもたらされた、最大、緊急の課題が、住宅の不足であった。戦禍によって住宅は失われ、戦場から帰った者達と戦後生まれの子ども達は、明日からの暮らしのために大量の住宅を必要とする。戦争はいつの時代にも住宅難を招来するのである。かつてない規模で戦われた第一次大戦は、かつてない住宅の危機を招来した。しかも、この大戦の日付は中産階級という新しい階級、新しい社会的ヴォリュームゾーンの出現と並行していた。別の切り口から見れば、中産階級の出現が世界のパワーバランスを崩し、結果として第一次大戦を招来したのであるから、大戦と住宅危機との間のこの並行関係は必然でもあった。そして中産階級は人口のヴォリュームゾーンであっただけではなく、自立性の高い一定の規模以上の戸建住宅を強く求めた。要するに大きいものが、たくさん必要になったのである。それゆえこの危機はドラスティックで深刻なかたちを取らざるを得なかったのである。

この危機への対応に、二つの対照的な途があった。ヨーロッパでは、公営集合住宅に重点が置かれ、一方アメリカでは、住宅ローンという制度が創設され、中産階級が容易に、郊外に戸建住宅を獲得する途が開かれたのである。共産主義に対する警戒から、アメリカは意識的に、異様なまでの徹底をもって公営住宅という選択肢を切り捨てたのである。結果的にはアメリカの政策が効果があった。中産階級の自立と自由への欲求に対して、個人の自由な「表現」を保障する郊外住宅の自立性があまりに見事にフィットしたのである。人々は「住宅」に熱狂し、この熱狂は二〇世紀のアメリカ経済のエンジンともなり、二〇世紀におけるアメリカのヨーロッパに対する優位の決定打ともなったのである。

実は、ヨーロッパの中にも、このアメリカのシステムを利用しようとする一群の目端のきいた人々がいた。その代表が、実はル・コルビュジエとミースであった。彼らは中産階級にアピールする魅力的な「住宅」を世の中に提示することで、一躍モダニズムのスターになり、同時にモダニズムの方向自体をも転換させてしまったのである。

モダニズムの普及において大きな役割を果たしたとされる、一九三二年のニューヨーク近代美術館での展覧会(「モダンアーキテクチュア展」)の主役は、ル・コルビュジエとミースの設計した「住宅」であった。それは決して偶然ではない。展覧会の主催者であったフィリップ・ジョンソン達は、この展覧会のターゲットを当初からアメリカの中産階級と設定し、そのターゲットのうけをねらって展示の中心を郊外住宅に設定したと、ビアトリス・コロミーナは指摘している。[23]展覧会はニューヨークの後、地方のデパートへの巡回さえ計画されていた。コルビュジエとミースはこの展覧会の主旨の最も賢明なる理解者であり、ターゲットを照準する作品を発表した。一方、当時、コルビュジエやミースよりもはるかにビッグネームの建築家であったグロピウス[24]は観念的で、社会主義的で、中産階級の欲望の本質を理解することができなかったと、関係者は指摘している。

彼らは展覧会に「住宅」を発表し、その「住宅」は、見事なほどに自立し、外見において、ひとつの単純で強い図像性を有していた(図7・図8・図9)。自然の中に、明快な幾何学的形態が、輝きながら自立するのである。その特質は、彼らと他のモダニストを峻別していた。表現主義的な恣意性は徹底して排除され、構成主義的なとどまるところのない空間の流動、拡散も、放棄され否定された。

もっとはっきりと言えば、彼らは初期モダニズムのテーマであった空間という名の曖昧な存在を放棄して、オブジェクトを提示したのである。彼らの自立的で明快な形態は、当時のアメリカの郊外住宅の「売れ筋」であったコロニアル住宅とも、驚くほどに近接している。それらはともに白く輝く単純な形態のボックスであり、オブジェクトとして

図8　「モダンアーキテクチュア展」のカタログの表紙に使われたミース設計のトゥーゲンハット邸.

図7　ニューヨーク近代美術館での「モダンアーキテクチュア展」の会場風景. 中央にはコルビュジエ設計のサヴォア邸の模型.

図9　「モダンアーキテクチュア展」でも最も注目されたサヴォア邸(設計：ル・コルビュジエ 1931).

自立し、それゆえにデパートで、他の商品(オブジェクト)と同じ棚に並んだとしても、決して見劣りしないファンシーで美しい商品だったのである。

しかし見落としてならないのは、その商品へのすり寄りの一方で、彼らはその「住宅」の中に、建築界の既成の勢力に対する「批評性」を込めることを怠らなかったことである。それはボザール流のリジッドな空間構成に対する批評であり、構造体を隠蔽する冗長な表面材や装飾に対する批評としての、ザッハリッヒ(即物的)な空間表現であった。作品に込められたこの種の批評性においても、ル・コルビュジエとミースは傑出し、時として、冷酷な印象を与えるほどであった。郊外住宅という時代の売れ筋、爆発しつつあった中産階級の欲望に乗じながら、一方で既成勢力の方法と美学への批評性を研ぎ澄ますこと。この二面性によって彼らは建築の世界におけるヘゲモニーを転倒させただけではなく、グロピウスに代表される旧世代のモダニスト達をも、一気に葬り去ったのである。

建築のみならず、二〇世紀の芸術表現の世界におけるすべてのヘゲモニーは、この二面性の産物である。批評性という概念が二〇世紀を解明する概念たり得るとは、そのような意味においてである。貴族的パトロネージが消滅した後の世界において、賢明なる表現者は、パトロネージに代わって、中産階級の欲望へと身を寄せる途を選択した。しかも、その欲望に自己のすべてを委ねるのではなく、その最後の一線において、批評性という毒を混入すること。その、狡猾ともいえる二面性によって、表現者は時代をリードしえたのである。

その構造を批判し揶揄することは容易である。ル・コルビュジエとミースも、結局のところ「郊外住宅」というアメリカ的居住形式に安住したと言ってしまえば、彼らは何の反論もできないであろう。「郊外」という生活形式に内在するところの建築の自立性、孤立、そして私有性への固執を批評する視点を彼らは持たなかった。二面性を批判することは容易である。しかし、本論の目的は、そのようなかたちで二〇世紀の二面性を批判することではない。

最も警戒すべきは、二面性の狡猾ではない。時代とは、しばしば賢明なる二面性によって切り開かれる。最も恐れるべきことは、その切り開かれた後のことである。批評性が一種の様式として凍結され、その凍結されたかたちのままに、生きながらえてしまうことである。批評性は、その毒性ゆえに、それ自身に対する批評を寄せつけにくい。そこが批評性の長所でもあり、同時に致命的な欠陥でもあった。それゆえ批評性は、必要をはるかに超え、賞味期限をすぎてまで、生きながらえてしまうのである。

時代の中心的欲望に身を寄せながら、批評という行為を通じて、その中心を転位させること。たとえ微妙にではあったとしても、決定的な転位を中心に対して仕掛け続けること。批評とはそのように発動され、そのように作動し続けるべきなのである。しかし、得てして批評性はその表現者のポジションを過剰に保護するのである。その時代の中心的欲望(たとえば中産階級の欲望)に屈服した「あちら側の人」というレッテルをかわす防御と保身のためだけに、批評性が発動されてしまうのである。そのとき批評性は堕落し、その本来的なダイナミズムと攻撃性とを喪失する。

この構図は、少しも新しいものではない。日本の伝統的な芸術、芸能はこの構図を反復してきた。茶道も、能も、歌舞伎も、すべて既成の芸術に対するみずみずしい批評性からスタートしている。しかし、いったんその批評性が様式というかたちで完成されると、その後、批評性は凍結され、権威を保護するためのひとつの装置となり、一種の家元制的な美学の再生産システムが確立されてしまうのである。この構図は明治期以降も崩れることはない。パトロネージの喪失という二〇世紀的な状況と連動して、いよいよこの構図は強化された。結果として、様式化へといたるタイムスパンは短縮される一方であった。たとえば既成の演劇への批評としての「新劇」は、一瞬にして批評のダイナミズムを喪失し、ひとつの様式として再生産されていくという運命をたどるのである。

全く同様にして、二〇世紀芸術のあらゆる領域において批評性は瞬く間に凍結されていった。様式化された批評性が、既成の権威を保護し存続させるという構図が生まれたのである。かつて表現における権威は、権力という存在によって保護された。この構造は粗雑でシンプルであったが、そのぶん可視で、無防備であった。しかし、二〇世紀において権威とは賞味期限をすぎた批評性によって保護され、固定されていくのである。はるかにソフィスティケートされ、そのぶん見えにくい。わたし達が恐れ、そして批評すべきは、まさにこのパラドクスなのである。

この危険に最も早く気がつき、回避を試みた建築家はおそらく当のル・コルビュジエ自身である。一九三〇年を前後して、彼は「転向」したと、しばしば語られる(図10)。純粋で抽象的な幾何学、すなわち白いピューリズムを彼は自ら放棄し、「不純」な世界へと転向したと、しばしば批評された。自然石やレンガなどの、荒々しく質感のある素材の使用。幾何学的形態に代わる、有機的、恣意的な形態の使用。そして最も重要な転換は、共同体的なものの表現としての建築へ、興味の中心を移行させたことである。ひとつの共同体に対して、その共同性にふさわしい、強度のある固有な表現を与えることが、彼のテーマとなる。その目的のために、「不純」な素材が用いられ、「不純」な形態が動員されたのである。

前半生の彼の住宅を、一般の郊外住宅から区別していたのは、純粋性であった。すなわち彼の建築における批評性の中心はピューリズムという手法であった。その核となる中心を敢えて放棄し、彼は共同性の表現へと向かってデザインの幅を拡げていくのである。

この転向は、またしても、時代の中心的欲望への迎合であると批判することは容易で

図 10　スイス学生会館(設計：ル・コルビュジエ 1932).

ある。個人の自由な欲望、自由な購買活動をエンジンとする社会という構図は、一九二九年の世界大恐慌において、あまりにもわかりやすい形であっけなく破綻した。郊外という居住形式の破綻も、すでにこの時点で、自明であるはずだった。郊外住宅は自由に欲望を行使する自由な個人の象徴である。それに代わって二〇世紀のエンジンとなったのは、経済学者ケインズのヴィジョンに基づく公共投資政策であった。公共投資が個人の欲望という不安定なものをコントロールしながら、社会を安全に先導していくという構図である。そして公共投資の中心は建築、土木であった。すなわち個人や法人から徴収された税金によって、公共的建築、あるいは公共的土木構築物を建設する。その建設行為によって、社会を先導するというのが、大恐慌後の二〇世紀を支配した社会システムである。

ル・コルビュジエは「転向」によって、このケインジアン・システムに適合する建築へとシフトしたと見なすこともできる。彼はまたしても機を見るに敏であった。公共投資の対象となる建築は、公共という主体、すなわちひとつの共同体全体のコンセンサスを獲得するものでなければならない。そのためには、その共同体の固有性を強く表現することが要請され、またその建築を体験することを通じて、人々の中に、ひとつの共同性が立ち上がらなくてはならないと彼は考えた。そのような要請に寄り添うべく、彼の建築デザインはドラスティックにシフトしたのである。

もちろんのこと、この場合においても、現実への追従の背後に、批評性を封入することを怠らなかった。彼は石を使って「純粋」からは離れたが、クラシシズム独特の、求心的空間構成だけは徹底して排除し、批評し続けた。その点で彼の生涯は一貫している。しかもその一方で、二〇世紀においていかなるモニュメンタリズムが可能であるか、いかなる共同性の表現が可能であるかを求め続けた。わが身を引き裂かんばかりの二つのベクトルのはざまで演じられる造型の綱渡り。その突然の死にいたるまで、彼は休むことがなかった。休みようがなかったのである。

しかし、この試みは、必ずしも成功であったとは思えない。彼の表現が受け入れられたのは、二つの共同体だけであった。二〇世紀において、唯一共同体と呼ぶに値する宗教的共同体(ラ・トゥーレットの修道院、ロンシャンの教会)。もうひとつは、植民地からの独立のプロセスの中で、共同性を捏造する必要に迫られた新興の独立国(インド)であった。彼は数多くの行政体や集団に対して執拗に提案を行うが、そのほとんどは拒絶される。彼の建築表現の必要以上の強度、彼の提案する新しい共同性を、人々は受け入れなかったのである。必要以上にモニュメンタルであり、押し付けがましく、不必要に強制的であると人々には感じられたのである。

二〇世紀において「共同体の建築」「共同体的な建築表現」は必要とされていない。その事実を確認するために、彼の後半生は費やされたといっても過言ではない。二〇世紀において、公共建築は間違いなく必要とされた。経済的には必要とされ、国家と社会の安定のために必要とされた。しかし、共同体の建築は必要とされなかった。ケインズ政策という防御的政策以外に有効でポジティブな社会ヴィジョンを持たない社会が、ル・コルビュジエを拒絶したともいえる。

その意味において、この世紀は建築の世紀であったともいえるし、またこの世紀の建築は、全く見るべきものがなく不毛であったともいえる。この世紀においては、建設工事のヴォリュームだけが問題だった。二〇世紀の建築家もまた、このパラドキシカルな世紀に便乗し、かつ便乗することで同時に犠牲者となった。数多くの建築を設計するチャンスを獲得し、かつ同時に建築に対するほとんどのポジティブな提案は拒絶される宿命にあった。

実際のところ、提案が受け入れられた場合はさらに悲劇的であった。建築家が実現しようとした共同体（モニュメンタリティー）は、人々が少しも望んではいないものであり、誰の合意も獲得できないものであり、結果としてそこに存在する限り嫌悪された。逆に、共同性を自ら否定したニュートラルな表現を行ったときには、そのヴォリュームが、その大きな存在感が嫌悪された。どちらにしろ人々から愛される可能性はなく、和解は永遠に不可能であった。公共建築の設計のプロセスの中で、必然的にこのパラドクスは露呈される。いまだに露呈され続けている。

二〇世紀において、建築家とクライアント(行政)は、必然的、運命的に対立した。それは個人的で自由な表現を伴う芸術家対保守的な社会という一九世紀的な対立の構図とは全く異なる。二〇世紀の建築家は、個人の表現など行うつもりは毛頭ない。彼らは、社会について考え、その建築の主体であり使用者であるところの共同体について考察し、真摯に提案を行うのである。ところがクライアント(行政)にしてみれば、社会についての提案であり、共同性についての提案であるがゆえに、建築家の提案は不要であり、迷惑なのである。共同性やモニュメンタリズムは既成のものの反復である限りにおいて、かろうじて許容される。批評性のある提案などは、もっての外である。彼らには建設工事が発生することのみが重要であり、できあがった建築に対して、クレームが発生しないことが何よりも優先されるのである。挫折した建築家は、様式化した批評性に身を委ね、洗練という名の敗北を選択し、自ら小さな領域、小さな建築へと閉じこもることによって、かろうじて保身を図るのである。

全く、不毛な時代であるという以外にない。しかし、この不毛すらも実はすでに崩壊しているのである。ケインズ政策が、全く効果を発揮しないという現実が、その崩壊を証明している。公共工事は、すでに社会をコントロールしリードする力を、完全に喪失している。かつて建築や土木というものの巨大さが、社会の中で、そして経済の中で一定の意味をもち、また有効に機能した。ケインズ政策とはそのような時代のヴィジョンである。しかし経済全体のスケールの拡大と、そのネットワーク化が進展した今、巨大にして絡み合った経済の全体に対して、公共工事はほとんど有効なインパクトを与えることができない。あるひとつの地域で発生する公共工事のインパクトは、このネットワークの大海に飲み込まれ、一瞬にして拡散し、霧消していくのである。

ケインズ政策とは、クローズな社会とオープンな社会とが混在した状況の中で、有効な政策であった。クローズな社会の中において、公共工事は有効なインパクトを発生する。しかし、クローズな社会の中だけで、その公共工事の財源を確保することは不可能である。すなわちケインジアン・システムは完全な閉鎖系の中では機能しない。クローズな社会の外部から調達した財源を、クローズな社会に投入したときに、ケインズ政策は最も有効に機能するのである。わかりやすくいえばクローズな社会とは古い型の政治が支配する田舎であり、オープンな社会とはそのような政治のすでに失効した都会である。第二次大戦後の日本は、そのようなかたちで、オープンな社会で調達した財源をクローズな社会へと投入し、結果としてケインズ政策の優等生といわれるにいたったのである。

そこで行われていることは、景気循環というかたちで出現する時間的不均衡の調整だけではない。実際のところ、都市対田舎という空間的な不均衡をエンジンにして、二〇世紀の社会はなんとか運営されてきたのである。このシステムの形式は、一九世紀の植民地型システムと、何ら変わるところがない。一九世紀には、植民地と本国との空間的不均衡をエンジンにして経済と社会が運営されたように、二〇世紀にはクローズな社会とオープンな社会との空間的差異をエンジンとして、世界はかろうじてオペレートされていたのである。

クローズな社会からオープンな社会へと、世界が移行する中途の段階において、このシステムは有効であった。単純化していえば、一方に建築をいまだに強く欲するクローズで求心的な社会があり、一方にすでに建築を欲していない、オープンで遠心的で脱領域的な社会が存在する。その混在においてのみ、このシステムは有効に機能した。そしてそもそも、建築とはそのような二つの社会の混在状態において、最も活発に生産されるものである。公共建築も、また中産階級の住宅も、そのような混在状態の産物であった。そしてどちらの場合においても、建築はクローズな社会の側から要請されたものであり、一種の時代錯誤であり、時代の後衛であった。それが、このような混在した社会の中で生産される建築の宿命であった。そしてそのような時代の建築家は必然的に、この時代錯誤なる建築に対して批評的であらざるを得ない。具体的にいえば、仕事の発注主であるクライアントに対して批評的であらざるを得ない。結果として、批評性は二〇世紀の建築の最大のテーマとなったのである。そのとき、批評性もまた二面性を持たざるを得なかった。一面において、時代を転換させる前向きな悪意であり、一面において、建築家の後ろ向きな保身術である。

そして、今われわれはやっと、批評性から解放されつつある。「建築の時代」への併走を余儀なくされた建築家は、その内側に抱える矛盾ゆえに、批評的であり、ネガティブであらざるを得なかった。建築を要請し、建築家という存在を支えてくれるクローズな社会への警戒が批評性という形に翻訳され、建築物の中に表現されていたのである。ところが今や、建築はどこからも要請されないという時代が始まりつつある。クローズな社会、後進的な社会が消滅したときに、建築家はスポンサー自体を失ってしまったのである。建築的欲望に併走しようとも、欲望自体が消滅してしまったのである。

それを悲しもうというのではない。これほど幸せなことはないではないか。なぜなら建築家は、はじめて建築を取り戻すのである。領域性と脱領域性との間で宙づりになった自分を、綱渡りのバーのような道具——批評性——を用いて、かろうじてバランスをとり、支える必要はもはやない。オープンな社会の中で、なおかつ必要とされる建築は何か。それを素直に思考することから始めればいいのである。もしそこで何らかの解答に到達したならば、その建築の必要性を人々に説けばいい。人々を見事に説得しきれた時にのみ、建築家にははじめて仕事が与えられる。充足の中でのニヒリズムにかわって、困窮の中での明朗が求められている。

建築家はいつの間にか圧倒的な少数派であり、反体制なのである。その不利なポジションから再び建築の必要を説く以外、途はない。クリティカル(批評的)とは斜に構えて、社会から自己を防衛する姿勢の別名であった。斜に構える余裕は、社会にも建築家にも、とうに失われたはずである。斜めから正対へ。徹底的にポジティブでアクチュアルに。

4　形式対自由という退屈

形式対自由。二〇世紀後半の建築界をこの二項対立が支配した。いまだに建築雑誌に掲載されるほとんどの論文は、この二項対立を前提として、その超克をめざせという形で、論を組み立てる。実際には建築のみならず他の領域、たとえば政治においても経済においてもこの二項対立は二〇世紀後半における議論の中心にあった。たとえば経済における政治の介入と自由放任という二項対立。科学における線形と非線形。注意すべきは、この二項対立自体は少しも新しくはないという点。にもかかわらず、この旧式の二項対立が、なぜ二〇世紀後半に、かくも人々の関心を集め人々の熱き議論の的になったのか。

この二項対立の歴史は古い。すなわち形式と自由が対立するという思考は長い歴史を有する。そしてあたりまえだが、この二項対立に先んじて、まずは形式というものが発見されなければならない。そして、形式の発見とは、決して高度な知的営為ではない。建築について考えようとするとき、どんな人間もいつのまにか形式について考えはじめてしまうからである。たとえばある人が、方眼紙の上に自分の家の間取りを書きはじめた時、その人はすでに形式的に考えはじめている。また形式について考えはじめている。間取りをながめながら、居間の右側の壁のラインと、台所の右側の壁のラインがズレているのは気持ちが悪いので、どうせなら二つのラインを揃えてすっきりさせようと試みたとき——これを統制と呼ぶ——すでに人は形式という罠にはまっているのである。

形式化は抽象化と呼んでもいい。抽象化のすぐ先に、形式化という欲望が生まれる。抽象化と形式化とはわかちがたく結びついている。間取りを方眼紙の上に書いてみる。すなわち建築を平面図で書き表すという行為がすでにひとつの抽象化である。建築を構成する様々なファクター——たとえば素材、色、触感、臭い——そのような多様で豊かな情報がすべて切り捨てられて、壁の位置を示す線だけが紙の上に取り残される。これはすでに立派な抽象化である。この抽象化の先にはきまって形式化が待ちうけている。線だけが取り残されると、次には線を揃え、整理したくなるからである。

抽象化が成功しさえすれば、その抽象化の産物の中に形式を見出すのはたやすい。あるいは抽象化というプロセスのうちにすでに形式化が包含されている。歴史的に眺めれば建築の時代、すなわち建築に大きな投資が行われる時代は、往々にして建築の形式化の時代でもある。より正確にいえば、建築の時代に形式化への指向がめばえる。

常識的に考えれば、建築がたくさん作られる時代は表層の時代ではないかと、疑義を呈する人もいるだろう。なぜなら、大量に建築を作らなければならない時、安易にうわべだけを処理する表層的処理がまず必要とされそうに思えるからである。しかし実際には、新しい時代が始まり、新しいプログラムを持つ新たな大きさの建築が出現しようとしている時、まず要請されるのは抽象化による整理である。その整理がない限り、新しい巨大さはただの理解不能なカオス、迷宮となりはてるしかない。生まれつつある新種の迷宮を、抽象化という手法でなんとか整理できないか。その差し迫った緊急の作業の結果として、形式はめばえるのである。表層化は、そのだいぶ後に遅ればせながらやってくる。形式が一度獲得された後に、その形式の簡便なシミュレーションとして、形式が表層化される。たとえばルネサンスの後のアルベルティ(25)。彼はルネサンスの巨匠達が獲得した形式性を、広場に面したファサードの表層に貼られた、薄い大理石のパターンとして再現した。すなわち大理石の書き割りである。モダニズムが新しい形式を提示した後、ロバート・ヴェンチューリも同様の作業を行った。薄い表層を、建築と人とのコミュニケーション・メディアとして再発見した。

ルネサンスを思い返してみよう。中世の世界は、神という中心を有する厳格で求心的な形式性に支配されていた。それにかわって出現した世俗建築という新しい巨大建築をどう処理したらいいのか。新しい巨大さは、迷宮としてしか出現しようがない。その対処として形式性という概念がめばえた。形式性の先例を求めてギリシャ、ローマの古典主義建築——まさに形式性のチャンピオンである——がリファレンスされたのである。形式化を行わなければ、この新種の建築は得体の知れない迷宮にしかならないと、当時の建築家達は直感的に感じた。すなわち彼らは単なる懐古趣味でギリシャ、ローマを振り返ったわけではなく、目の前の新たな現実、新たな経済にプラグマティックにしかも迅速な対応をするために、形式という過去の知的財産を利用したのである。

形式化というフェーズのあとにくるのは、現象学的アプローチである。形式化とは、建築をいったん人間から切断し、一個の抽象的な構築物として俯瞰的に神の視点から眺めることに他ならない。そのような切断があってはじめて形式化という名の整理が可能となる。しかし、とはいっても建築とは、図面の上、あるいは脳の中に永久にとどまってはいない。現実に大地の上に建てられ、中に人間が入りこみ、その等身大の低い視点から、リアルな物質の塊として、われわれの日常と連続するリアルな現象として体験されるべき運命にある。

すなわち建築は着地すべき運命にある。ある一時期、脳の中に形式として存在せざるを得ないとしても、いつかはこの大地の上に帰ってこなければならない。その避けようのない運命をはっきりと意識した時、現象学的アプローチがスタートするのである。

ルネサンスという形式主義的アプローチのピークのあとに、様々な現象学的アプローチが追随した。人間の感性のダイナミズムを計算しつくすことによって、図式や幾何学を超えた圧倒的な「生きられる」モニュメンタリティーを創出したミケランジェロ。彼の発案による上部の狭まった台形の窓(図11)は、現象学的アプローチの典型である。人が下方からあの台形を見上げた時、窓はより安定した確固たるものとして感じられ、差し込む光はより高貴なものに感じられる。ミケランジェロの延長線上に、現象学的な方法論の徹底によって形式を自由に変形したのがバロックである。あるいは表層という現象に注目し、形式主義を批評的に更新していったアルベルティ。表層もまた現象学の産物である。近世の建築界の中心にあったのは、形式主義と現象学とのはてしない弁証法に他ならなかった。

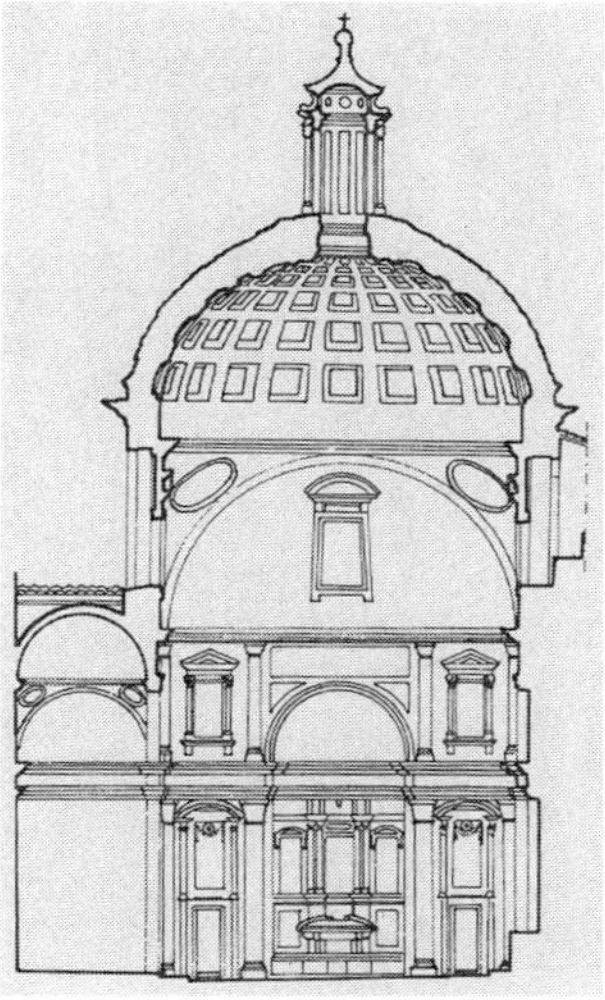

図 11　サン・ロレンツォ聖堂メディチ家礼拝堂断面図(設計：ミケランジェロ 1521-33).

その時、現象学は、「自由」の追求として理解される。バロックの曲線、曲面の多用は、「自由」そのものと見えた。現象学という言葉がいまだ存在しない時、自由という概念がその代用をしたのである。形式性が主観性の排除であるとしたならば、個人の主観の重視としての現象学的アプローチが「自由」な方法と考えられたとしても、それほど的はずれではないだろう。

その「自由」への傾斜の一方で、形式主義も延命を図った。形式主義は新しい現実に対応した応急の策という形でスタートする。しかし、時間の経過とともに形式主義はそれ自体が自己目的化し、自らの閉じた枠組みの中で精緻化し、複雑化していくのである。それがすべての形式主義の宿命であった。アカデミズムとは自己目的化した形式主義の別名である。近世においては、国家による建築家養成機関——通称ボザール——が、もはや用済みとなった旧式の形式主義を延命させるためのシャーレとして機能した。「自由」な現象学的アプローチはこのようなシャーレを持ちようがない。一方、形式主義は現実との切断を前提とするがゆえに、その実社会から切断されたフレームの中で増殖し、肥大することが可能だった。国家権力が養分を補給し続ける限り、この切断されたシャーレの中でも菌は育ち続けるのである。

だからこそル・コルビュジエやミースらモダニスト達は、ボザールという形式主義のシャーレを最大の標的としたのである。彼ら以前にモダニストがいなかったわけではない。すなわち産業革命後の新しい現実に対応する建築を作ろうという試みは、彼ら以前にも数多くなされた。しかしそれら第一世代のモダニスト達は歴史からほとんど消去され、記憶されることはなかった。彼らにはそもそも、形式という概念が欠如していたからである。

逆にコルビュジエやミースは形式性に対して異常なほどに敏感であった。なぜなら、彼らは形式性のシャーレであるところのボザールから徹底して排除された「氏、素姓のはっきりしない」部外者だったからである。

コルビュジエとミースの成功の鍵は形式性というものの価値、その社会的効用を、骨身にしみて理解していた点にある。形式性から排除されていたがゆえに、形式性の価値を充分すぎるほどに理解し、逆にそれを自らの武器として徹底的に利用した。排除の苦杯を味わわなかった「育ちのいい」グロピウスは、結局、形式というものの価値にも毒にも気づくことはなかった。一九二〇年代のコルビュジエ、ミースの作品はその形式化の度合いにおいて、形式性の極致と考えられてきた古典主義建築の強固な形式性をすら、はるかに凌駕する。逆に、形式性の追求に対してあまりに性急すぎたとも見える。流動的で得体の知れない新しい現実をあまりにも性急に、あまりにも奇麗さっぱりと整理した。その性急すぎる整理、切断の損失補塡。ルネサンスの形式化に対するバロック的な損失補塡。その後の二〇世紀建築史はそのようにくくることもできる。

その一方で、形式主義の延命策も、同時に進行した。いわばモダニズムのアカデミズム化である。この傾向を代表するのは二〇世紀を代表する建築史家、[26]評論家であり、アメリカの建築アカデミズムの中心的人物であったコーリン・ロウである。このアカデミック・モダニズムのルーツは彼の代表作である『理想的ヴィラの数学』[27]（一九四七年）にまで遡る。その中でロウは、コルビュジエの住宅とマニエリズムの建築家アンドレア・パラディオ[28]の住宅とを形式主義的アプローチを用いて精緻に比較し、従来全く対照的と思われていた両者の間に、深い相似性――きわめて注意深く構築された形式性の共有――があることを指摘したのである。ロウの名誉のためにつけ加えるならば、その作業はアカデミズムという言葉から連想されるたぐいの退屈なものでは決してない。建築家の主観的自己宣伝や、倫理家をきどった評論家のお説教の中にあって、ロウの客観的、論理的言説は多くの若者を魅了して余りあるものだった。

ロウのアプローチをその後多くの研究者、建築家が追従した。リチャード・マイヤー[29]、ピーター・アイゼンマン[30]など二〇世紀後半の中心的建築家の多くがロウの教え子であったことを思い返すだけで、彼の方法の影響力を知るに充分であろう。建築というものが、大学という制度的教育機関の中で、システマティックに教え続けていかざるを得ないとしたならば、形式主義的アプローチが、いまだに唯一の有効な教育手法であることも、残念ながら認めざるを得ない。主観的に美を論じる方法も、あるいは職人的に具体的な技法を伝達する方法も、形式主義的な「科学的」建築教育ほどの支持を獲得することはできなかった。バウハウスによる職人教育が挫折したのは、ナチスによる圧迫のせいばかりではない。アートにおいてはクレメント・グリーンバーグからジェームス・フリードへといたる形式主義的アプローチが、二〇世紀アートの言説と教育とを支配したように、形式主義はアート、建築の中心を支配し続けた。理由は馬鹿馬鹿しいほどに単純である。二〇世紀とは、大学という制度的、大衆的教育機関に依存せざるを得ない時代だったからである。いわば、大学が建築教育を規定し、建築のあり方をも規定したのである。文化の継承を大学に委ねなければならなかったところに、この時代の文化の決定的な限界があった。

さらに警戒すべきは、この形式主義的アプローチと、先述したバロック的損失補塡との安易な折衷である。現象学的アプローチは表面上は形式主義に異を唱え、その対極を構成するかに思える。しかし二〇世紀後半以降、現象学は形式主義の弱点を補完する目的で利用され続けた。純粋の形式主義といったものは概念上でしか存在せず、形式主義的アプローチは、現象学的方法を内蔵させることによって、その延命をはかった。

その典型が、一九七〇年代以降、世界のアカデミズムの中心を占めたポスト構造主義である。フランスの哲学シーンで、一種の個人的、文学的作品としてスタートしたポスト構造主義は、その後アメリカに渡り、現代のアカデミズムの中心的な手法へと変身を遂げた。もっとわかりやすくいえば、最も安易な論文生産の装置へと転身したのである。その中核にあったのが、形式と自由との動的な折衷という例の手法である。

文化活動の中心が大学から外部へと流出していく中で、瀕死ともいえる低調さを示すアカデミズムを、ポスト構造主義がかろうじて支えた。形式対自由(主観、現象)という二項対立の克服という目的を、ポスト構造主義は設定する。その際折衷という安易でスタティックな方法はまず否定される。かわって形式と自由との動的な循環運動が唱えられた。現象学を確立したとされるメルロ・ポンティでさえも、後期にはそのスタンスを微妙にシフトさせ、一種の折衷へと向かった。現象学的主観主義にのみ依存していては、主体は世界に対して接続され得ないというのが、後期メルロ・ポンティの思考の中心である。形式(メタレベルからの俯瞰)と主観の循環によってはじめて主体は世界に対して接続されると彼はいう。形式をもってしては永遠に捉えることのできない自由で流動的なものを、形式は絶えず汲み取り続けなければならない。それによって形式はそれ自身で更新し続ける流動的なものたり得るというのが、ポスト構造主義全体を貫く論理構造だったのである。この論理構造を用いて、数えきれぬほどの著作と論文とが生産された。

このポスト構造主義が最も強く支持されたのが、他ならぬ建築の領域であったことは決して偶然ではない。ポスト構造主義の論客は建築関連のメディアの常連であり、ポスト構造主義を標榜する哲学的メディアも建築系の読者によって支えられた。日本においては磯崎新がこの二つの領域をつなぐヒンジの役割をはたした。二領域の交流はきわめて緊密であった。ジャック・デリダとピーター・アイゼンマンはバーナード・チュミの(31)仲介と依頼に応じて、パリのラ・ヴィレット公園の一角を敷地とする具体的な計画(32)での協働まで行っている。

この蜜月の背景にあるのは何か。ひとつは形式性への後ろめたさである。建築も哲学もかつてはともに形式性を強く指向した。しかし、二〇世紀後半以降の新しい流動的な現実の中で、両者はともに形式性に対し、ほとんど罪悪感と呼んでいいほどの後ろめたさを分け持つにいたったのである。形式を売りものにしていた両者が、ともに最も強く形式を恥じるようになった。共犯意識が両者を熱く強く結びつけたのである。

さらにこの共犯関係は、二〇世紀後半以降の新たなテクノロジーによって、一層強化された。コンピューターによる建築の三次元表現。一般にコンピューター・グラフィックス(CG)と呼ばれる新種のドローイング・テクノロジーが、両者を強い絆で結びつけたのである。

CGは建築ドローイングの世界に、かつては想像もできないような表現の自由をもたらした。曲線、曲面を自由に駆使した不定形で半透明な建築形態はブロッブ(しみ)と呼ばれ、建築学科の学生のPCスクリーンは無数のブロッブで溢れかえった(図12)。固い直線とフラットな平面で埋めつくされた、かつての製図板上の風景は一九九〇年代の一〇年間で一変した。スクリーン上で都市も建築もどろどろと融けていった。

しかし、CGの本当の新しさは、CGが建築を未完の流動体として表現することに成功したことにある。固定した完成型として表現するかわりに、生成のプロセスとしての

図12　グレッグ・リン作「H2ハウス」．どろどろした形態ブロッブの典型であり，同時に形態を固定したくないという意志も，この一連の変化を表現したドローイングから読みとれる．

表現を可能にした点が、全く新しかったのである。設計者は何らかのパラメーターをまず設定する。ユーザーの行動でもいいし、その場所の環境に関わる固有のパラメーター、たとえば温度とか日照条件でもいい。そのパラメーターに基づいて、建築の形態を誘導するプログラムを作ると、あとは自動的にコンピューターが自由きわまりない曲面形態を生成していくのである。

考えようによっては、これほどの革命はかつて建築史の中に存在しなかった。曲面を持つ建築が新しいのではない。バロック建築は、とても図面では表現できないほどの複雑な曲面に満ちているし、アールヌーヴォーもガウディもひけを取らない。しかし、決定的な差異は、これらの建築がいかに自由な形態を有していても、結局は固定されているという事実である。最終的に決定されたひとつの形態に基づいて、施工され、その先にもはや自由はない。

一方、九〇年代のデジタル・アーキテクチュア(略してＤＡ)は、生成のプロセスをも建築として提示しようとした。パラメーターをわずかに変化させるだけで、ＤＡの形態はまるで積乱雲がむくむくと形を変えるように変動する。そこにＤＡを従来のリアル・アーキテクチュアから峻別する最大の特徴があり魅力があった。その特徴をさらに際立たせるため、ＤＡの形態の変動はしばしばアニメーションという形で記述されたのである。設計の授業はさながらアニメのプレゼンテーションの場へと変身した。

建築はついに動き続け、流動し続ける存在となったのである。建築は固定という宿命から逃れた。あるいは逃れたと錯覚することができた。ポスト構造主義とＤＡは時期を同じくして、同種の流動性を獲得したのである。ポスト構造主義によって、哲学はついに客観的、俯瞰的な世界認識という方法から逃れることが可能となり、それ自身更新し続ける流動的なテクストへと変身した。同様に、ＤＡによって建築は、形式からも固定からも逃れ、限りない流動性を獲得したのである。

しかし、建築は本当に自由になったのだろうか。確かに自由に流動し続けるドローイングは可能となった。しかし、その自由をもし現実の世界に着地させようと思いたったなら、自由は特定の敷地の上にピンで留めつけられ、特定の物質を使って動きようのない形に固定されなければならない。ＤＡのいくつかは、実際にこの地上に建設された。そこにはもはやスクリーン上に溢れていた流動性も曖昧さもなく、うってかわって悲しいほどに厳格に凍結された鈍重で退屈な物質が横たわっている。ただ形態だけがぐにゃぐにゃと歪んでいた。その形態の「自由」は、一層その建築の不自由を際立たせた。

不幸というべきか、幸いというべきか、九〇年代のアメリカ建築界は低調であった。八〇年代に建設されたポストモダン・デザインのスカイスクレーパーは空室が埋まらず、経済をドライブしたのは建設業や不動産業ではなくIT関連の諸産業であった。スクリーン上を流動するDAのフリーフォームが、いかに不自由に悲しく凍結されるかを、人々は確認するチャンスさえなく、九〇年代は低調のうちに過ぎていったのである。

結果としてみれば、DAはアカデミズムの延命策として機能した。九〇年代の建築アカデミズムの中心にあったのは、ニューヨークのコロンビア大学である。一九八六年に学部長(ディーン)に就任したバーナード・チュミはコンピューターをいち早く建築教育に取り入れ、製図板やトレーシングペーパーなどのアナログなツールは一切使わず、コンピューターだけを用いるペーパーレス・スタジオを唱えた。シリコン・グラフィックス社製の高価なソフトを駆使する若きデジタル・アーキテクト達が講師として招かれ、彼らに憧れる学生達が世界じゅうから集まった。コロンビア大学のペーパーレス・スタジオは九〇年代の建築教育のメッカとなった。人気に敏感で政権交代の激しいアメリカ建築教育の世界で、チュミは二〇〇三年まで、なんと一八年間という異例の長期政権を維持したのである。

この構図は、フランス流のポスト構造主義が、二〇世紀後半以降のアカデミズムの延命装置として機能した構図と同型である。この場合においてもフランスに端を発したポスト構造主義の哲学は、アメリカの社会科学系アカデミズムの中で、最も評価され、論文生産の最大の武器となり、そのジャンルのアカデミズムの延命に大きく貢献した。チュミもまたフランス系のスイス人であり、その建築家としての出発点が、ドゥルーズの『シネマ』の建築的翻案であったのは偶然ではない。フランスのエリートによるクリティカルでエッジのきいた発明がアメリカに輸出され、商業的な大学機構の助けを借りて、大衆的に受容される。この二〇世紀後半の文化の典型的サイクルが、二つの分野で繰り返されたのである。

ここにあるのは、一言でいえばアカデミズムの中での閉じた弁証法である。形式対自由という問題構制をまず設定し、それを新たなテクノロジー(DA、あるいはポスト構造主義)が見事に克服するという内輪受けのするシナリオである。しかし、このシナリオの退屈さを批評するのが本論の目的ではない。より注目すべきは、このシナリオが、アカデミズムの外部領域において、すなわち社会全体においても広く共有され、ほとんどの領域でパラフレーズされ、多くの人々の思考自体を支配してしまった点である。たとえば政治的には国家対市民という二項対立、経済においてはサプライサイド(供給側)対デマンドサイド(需要側)という二項対立。これらはすべて形式対自由という対立構造の変奏である。そのすべてに共通するのは、世の中は形式(国家、サプライサイド)の時代から、自由(市民、デマンドサイド)の時代へ移行しつつあり、この移行を弁証法的に進展させるべきだという主張である。

形式から自由へと弁証法的に移行せよという議論は、建築論においても支配的であった。建築家は、幾何学をはじめとする様々なツールを用いて、自ら製造する商品(建築)を統制し、形式化しようと試みるが、ユーザーサイドにしてみれば、その手の形式化はサプライサイドの自己満足でしかない。単に使いやすく、気持ちのいい空間が欲しいというだけなのである。ここに存在するのはDAが克服の前提とした形式対自由よりも、より日常的で切実な二項対立である。建築は本質的にこの二項対立を原罪として背負っている。そして二項の分裂は建築という商品に限った現象ではない。

すべての商品はいずれサプライサイドとデマンドサイドからの斥力によって引き裂かれる運命にある。その分裂は商品という存在のヒストリーの末期において、加速度的に増幅され、しばしば喜劇的な形で顕在化する。なぜならサプライサイドは形式化という内輪受けのする閉じたロジックに基づいて、商品の延命を図ろうと試み、デマンドサイドにとってみれば、その形式化こそ、いよいよ商品への不満を増幅させるだけのナンセンスな試みだからである。

アートという商品において、その危機は建築よりもいち早く到来した。二〇世紀前半におけるクレメント・グリーンバーグからジェームス・フリードへといたる形式主義的アプローチ、すなわちアートを純粋な形式として論じようとする試みは、アートにおける「商品の危機」の産物である。

一方建築においては、建築という商品に対するニーズの高さがこの「商品の危機」の到来を遅延させた。その原因は二〇世紀における二度の大戦に起因する住宅の不足と、その後の経済の高度成長が引き起こした建築需要である。しかし二〇世紀後半、建築という商品に対する需要のヴォリュームが急激に低下することによって、この危機は一挙に顕在化した。すなわちサプライサイド(建築家)は形式化によってその危機を乗り越えようと試み、デマンドサイドは逆に、形式主義へと傾斜していく個々の商品をみて、建築という存在自体への不信感を一層強めることになったのである。

具体的にいえば、コーリン・ロウによる、コルビュジエを形式主義者として再発見する批評活動に端を発し、ニューヨーク・ファイブ(33)、アイゼンマンへと連なる一連の形式主義的アプローチがサプライサイドの製品づくりをリードした。日本における形式主義のチャンピオンは磯崎新であった。磯崎は賢明にも大学に籍を置かなかったため、彼の形式主義的アプローチは従来のアカデミックな形式主義とは一線を画する、一種のアヴァンギャルドであるという印象を保ち続けることに成功した。公共投資に先導された戦後日本の建設投資の活況と形式主義とは見事な共犯関係をとり結び、サプライサイドは季節はずれの壮大な白鳥の歌を奏でることとなったのである。

サプライサイドがその危機の中を平然と形式主義へと傾斜する中、デマンドサイドは形式主義によって統制された建築という商品に対して、フラストレーションを蓄積する一方であった。代わって、ディズニーランドに代表される既成のファンタジーが彼らの欲求不満のはけ口となった。一九七〇年以降、建築という領域はこの修復不能とも思える分裂した状況に置かれ続けたのである。

もちろんこの分裂に対してサプライサイド(建築家)が無関心だったわけではない。彼らとて、デマンドサイドからの離反は彼らの生活に関わる一大事であり、幾度も手をかえ品をかえその分裂に対して、彼らなりの架橋を試みたのである。八〇年代のポストモダニズムとはディズニーランド的ファンタジーの導入による関係修復の試みの別名であった。先述した九〇年代のデジタル・アーキテクチュアのめざすところも、サプライサイドの硬直化した形式主義からの脱走であった。バーナード・チュミ、レム・コールハース、(34)磯崎に代表されるポスト構造主義理論の援用も、本人の実際の作品とはしばしば乖離していたが、その意図するところは形式主義からの逸脱であった。

七〇年代以降のパーティシペーション(市民参加)プロセスの導入ももちろん、その目的はサプライサイドとデマンドサイドとの調停、和解であった。設計活動に直接市民が参加するのであるから、デマンドサイドとサプライサイドの境界は文字通りに融解する。七〇年代のパーティシペーション論は、九〇年代には、通称プログラム論と呼ばれるロジックへと継承されていった。デマンドサイド(ユーザー)が無意識に欲するアクティビティーを、サプライサイド(建築家)が新しい空間形式(それがプログラムと呼ばれた)という形で固定するというのがプログラム論の基本ロジックである。機能(ファンクション)と呼ばずに、プログラムと呼んだところにこの論の新鮮さがあった。振り返れば二〇世紀初頭のモダニスト達は機能という単語を用いて、機能主義を唱えた。デマンドサイドへの配慮を主張する点でプログラム論と機能主義とは同根である。ファンクションは静的であるのに対し、プログラムとは動的で更新し続けるとしたところに両者の差異があった。自由の導入によって、形式は流動的に更新し続けるとしたポスト構造主義のパラフレーズがプログラム論である。「開かれた学校」「開かれた美術館」などの新しい形式がプログラム論の好例としてとりあげられ、新しいプログラムを発明することが、建築家に求められた。

確かにポスト構造主義時代にふさわしい優等生的なアプローチであった。しかし、形式を無限に更新していくことが、実際に可能なのだろうか、あるいは必要なのだろうか。多くの建築家が日々の実践の中で、この疑問に直面した。デマンドサイドのユーザー一人一人と直接膝をつきあわせて話をしてみれば、彼らが求めているものが「新しい形式」でも、「形式の永遠の更新」でもないことがわかってくる。

デマンドサイドが実際に「新しい形式」を求めているにもかかわらず、何らかの権力なり制度なりがその実現を妨げているのだとしたら、事態はまだ楽観的である。建築家は更新を阻む敵(巨悪)に対して戦うポーズを取りさえすればよかったのである。そのポーズが自動的に建築家を正当化する。デマンドサイドは永遠の更新、さらなる自由を求めているにもかかわらず、巨悪がそれを妨げているのだと言い続けるだけでいい。それだけで彼のポジションは保障される。自由を夢見、巨悪を憎むという安定した構造の中で、しっかりと保障され安泰であった。

更新を妨げる巨悪が消滅した時はじめて、更新の必要性、自由の意味が具体的に問われる。一九九〇年代以前の冷戦期には、世界には巨悪が存在し(それぞれの陣営が、相手を巨悪と呼んでいただけであるが)、人々はこの図式を信じることができた。ポスト構造主義とは冷戦構造の思想的対応物である。

ポスト構造主義の前提にあるのは、サプライサイド(形式)とデマンドサイド(自由)との永遠の分裂であり、サプライサイドのデマンドサイドに対する圧倒的優位であり、デマンドサイドのニーズに対応してサプライサイドを更新する際の巨大な抵抗値であった。この大前提をもとに、既成の形式を弁証法的に更新し続ける姿勢が、正当化されたわけである。そもそも形式と自由とは永遠に分裂し続けるがゆえに、批評家的存在も容認された。弁証法的更新を唱えるだけで、実際にはリアライゼーションの能力もその結果に対する責任もない知識人、文化人という観念的存在が正当化されたのである。むしろ形式の更新を阻害する巨大な抵抗値、形式と自由との分裂を彼らは必要とし、それを捏造し続けたのだともいえる。彼らは巨悪を必要とし、冷戦を必要としたのである。この逆説的構造こそが冷戦という時代であり、近代という時代であった。

最も滑稽なのは、生々しき現実と直に接する機会に最も恵まれているはずの建築家自体が、批評家という観念的存在を擬装して、リアライゼーションに対しての責任を回避し続けたことである。ポスト構造主義的、冷戦的言説を駆使しながら、建築家はそのこころざしの正当化に明け暮れ、結果に対しての責任、「建築」に対しての責任を回避し続けた。実際にはすでに冷戦は遠い過去のものである。自由(デマンドサイド)を形式(サプライサイド)へとフィードバックするに際しての抵抗値は活発な市民参加活動の普及によって、かつてとは比較にならないほどに減少した。世界をスムーズにする道具を、われわれはたくさん手に入れた。そのような現実の変化にもかかわらず、人間の思考形式だけが保守的であり、惰性的なのである。

形式対自由という思考の枠組みから人々はなかなか離れることができない。わずかな変化といえば、弁証法を用いる際のレトリックが変わったことくらいであろう。冷戦期においては「勝つ」レトリックが支配的であった。自由という理念を用いて、既成の形式に打ち克ち、更新していくのである。巨悪の存在を前提とした時代には、巨悪に勝つというレトリックが支配的にならざるを得ない。

しかし、巨悪が消滅してしまった時代においては、「勝つ」レトリックは存在理由を失う。斧を打ち下ろそうにも、その相手がいないのである。それにかわってすべてが「負ける」レトリックで語られはじめた。形式は自由に負け続け、サプライサイドはデマンドサイドに敗退しなければならない。負けることのかっこの悪さが、逆にかっこいいのである。文化全体を「負ける」レトリックが支配しはじめた。負けが尊ばれ、負けを演出することで多くの批判をかわすことが可能となった。勝つことのヒロイズムを競うよりも、負けによって批判をかわすことに作法の重心が移行したのである。能動性(勝つ)よりは受動性(負ける)に焦点が移り、科学においても受動性の探究であるアフォーダンスという発想が脚光をあびた。

負けのレトリックが尊ばれるということは、共同体が閉じたということでもある。共同体が開き、外部と直面する時、人々は外部に対して「勝つ」レトリックを競いあう。共同体が閉じ、外部を失った時、人々は負けを擬装し、内輪の人間関係を保ち、自らを守ろうとする。負けるが勝ちなのである。「負ける」レトリックは、この由緒正しい村落共同体的マナーにのっとっている。

建築においても、すべては「負ける」レトリックで語られはじめた。思い込みのはげしいわがままな施主に負けた、奇妙な形の敷地に負けた、理不尽な建築法規に負けた、工事予算のなさに負けた。建築雑誌に並ぶテクストは、さながら負け自慢であり、泣き事のオン・パレードである。相手を説き伏せて自分の思想を実現したなどというテクストを書く人間は、変人扱いである。

「負ける」戦略を批評することも本論の目的ではない。最も気にかかるのは、「負ける」レトリックの裏側で、またしても建築という「結果」の強さが隠蔽されることである。大切なことは負けのレトリックを競うことではない。建築はどんなに負けようが、負けたふりをしようが、それでもまだまだ強いという事実を自覚することである。資源やエネルギーを消費し、周囲の景観に影響を与え、ユーザーの行動や心理を規定し、そのような様々な形で建築は勝ってしまうのである。市民参加のプロセスを導入しようが、デジタル・アーキテクチュアのように何らかの外部パラメーターで形態を誘導しようが、ディズニーランドのファンタジーを駆使して人々を喜ばせようが、建築自体はどうしようもなく強く、勝つ宿命から逃れられないのである。

この宿命の自覚から、すべてははじまらなくてはならない。その上で、限りなく抵抗値の消滅した氷の上のような現実の上に、ゆっくりと、やわらかく、そっと、建築という危険物を着地させなくてはならない。

Ⅱ　透明、デモクラシー、唯物論

1　淋しいほどに透明な／デ・ステイル

透明はなぜ魅力的なのだろうか。世界を本当に透かすことができるのだろうか。人々は何回となく透明な世界を夢想し、たびたび失敗した。デ・ステイルの運動もそのひとつである。そして彼らも失敗した。だから彼らの作品は、あのように少し淋しげに透き通っているのかもしれない。

二〇世紀初頭に、世界各地で同時並行的に繰り広げられたモダニズムの諸実験の集大成が、デ・ステイルであった。もう少し具体的にいえば、二〇世紀初頭のモダニズムを代表する二つのムーブメントは、立体派(キュビズム)と未来派であった。それぞれの基本理念を要約すれば、立体派のテーマは幾何学であり、抽象化であり、未来派のテーマは運動であり、ダイナミズムであった。その二つの運動をデ・ステイルが統合したのである。

もちろん立体派も未来派も、それぞれに幾何学(抽象)と運動(mouvement ムーブマン)とを統合しようと試みていた。彼らは抽象的形態を用いて、その配列と変化とによ

図 13(上)　ベルリン大劇場(設計：ハンス・ペルツィヒ 1919).
図 14(左)　アインシュタイン塔(設計：エーリッヒ・メンデルゾーン 1921).

って、ムーブマンを生成しようと試みた。しかし、この方法はひとつのパラドクスを内包していた。ムーブマンが発生するほどに形態を崩していくと、逆に形態の抽象性は消滅するという逆説である。それゆえ、この統合への試みは、結局のところ一種の表現主義へと漂着した。一見したところでは、表現主義の対極にあったはずの立体派や未来派が、ムーブマンを追ううちに、知らず知らずのうちに表現主義へと辿り着いてしまったわけである。モダニズムの牙城のひとつであるバウハウスが、表現主義の影響を強く受けることになった要因もここにある。絵画も建築もともに、このパラドクスに直面した。H・ペルツィヒのベルリン大劇場(一九一九年)(図13)、E・メンデルゾーンのアインシュタイン塔(一九二一年)(図14)を思い浮かべれば、ムーブマンの徹底的な追求が表現主義に着地していく様子が手にとるようにわかる。

そのモダニズムのジレンマから、デ・ステイルはなぜか、見事に抜け出したのである。一言でいえば、デ・ステイルはすきまを作った。幾何学的形態(エレメント)と形態との間にすきまを作る。すると、そのすきまの部分に運動(ムーブマン)が発生する。オブジェクトで流動を表現しようとするから、オブジェクト自身を操作し、変形し、結果、表現主義の陥穽に落ちてしまうのである。オブジェクトには手をふれず、そのすきまに着目したところにデ・ステイルの決定的新しさがあった。

この方法であればエレメントの幾何学性、抽象性は保持されたままである。表現主義へと傾斜する必要は少しもない。エレメントの配置を操作するだけで、いかなる運動も可能となる。そのようにして、デ・ステイルは見事に幾何学と運動とを接合してみせたのである。実際には幾何学と運動の統合という言葉は、彼ら自身のヴォキャブラリーにはない。彼ら自身はその代わりに「空間と時間の絵画的和解」という言葉を用いた。ここで空間とは形態(エレメント)のことであり、時間とは運動を指していたのである。二〇世紀のモダニスト達にとって、空間と時間の統合は最大のテーマのひとつであった。デ・ステイルはその最大のテーマに対し、すきまというツールを用いて、ひとつの「絵画的」解決を与えたわけである。

ではなぜ空間と時間は統合されねばならなかったのか、或いは幾何学と運動とは統合されねばならなかったのか。統合を要請されることになったのか。この問題の背後に潜んでいるのは、絶対的空間から相対的空間への転換というパラダイムシフトである。一九世紀から二〇世紀にかけて、建築、絵画、科学、哲学、すべての領域をまきこんで、このパラダイムシフトは進行した。

一八世紀から一九世紀にかけて、西欧は様々な人間、様々な文化、様々な空間と出会った。この世の中には単一の絶対的空間が存在するというギリシャ、ローマ以来の西欧文化の大前提は、ここで大きな転機に立たされる。極端な話、人間の数だけ異なった空間がある。そして同一の人間に対しても、時間が経過すれば、その度ごとに空間は異なったものとして立ち現れる。そのような考え方に基づく空間の相対主義が、世界は単一の空間で構成されていると考える空間の絶対主義を脅かしはじめたのである。哲学の領域での達成を例に取れば、絶対的空間の完成者デカルトは、ロック、ヒュームらのイギリス経験主義が主張する相対的空間論からの批判にさらされた。この経験主義の批判を受け止めて完成したのが、カントに代表されるドイツ批判哲学である。カントは個人の知覚、認識の差異(相対性)を肯定しながら、すなわち空間の相対性をひとまず認めたうえで、その背後に潜む知覚の形式の普遍性、絶対性を主張した。見方を変えれば、カントはそのような形で、空間の絶対性を延命させたのである。

建築や絵画の領域においても、同様のパラダイムシフトが起こった。その転機を象徴するのが空間という概念であった。驚くべきことに、この時代(一九世紀)のドイツにおいて初めて、空間という概念が建築、絵画の領域に登場する。それ以前の西欧文化の中では、建築は個々の人間(主体)とは無関係な客観的な物質(オブジェクト)としてのみ議論されていた。主体と建築を接合しようという論、すなわち主体と建築との関係についての論は立てられることがなかった。一人一人の異なる主体と建築とを接合するための概念として、一九世紀ドイツで初めて空間という概念が登場した。建築はそれぞれの主体に対して、それぞれの空間として出現するというわけである。相対主義が空間という概念を生み出したのである。

空間論は一九世紀ドイツを代表する建築家、ゴットフリート・ゼンパー(35)に始まるといわれる。彼は身体の運動の場として、空間を把握した。彼にとって主体は単に運動する身体にすぎなかったが、後に続く世代は意識する存在として主体を捉えるようになった。この形式の思考を象徴するのが「感情移入」というタームである。このタームを初めて用いたのはドイツの美術史家、ロバート・フィッシャーであり(一八七三年)、空間とは環境と魂との対話であると彼は定義した。「私にとって「空間」と「時間」は何を意味するのか、「定型化」「次元」「休息」「運動」は何であるか、すべての「形態」は何か、もしそれらの中で生命の赤い血が流れなければ」と彼は尋ねるのである。この赤い血が流れる過程を彼は感情移入と呼んだのである。

ゼンパーからフィッシャーへの転換はきわめて大きな意味を有していた。ゼンパーにとって、空間とはソリッドな物質で占められていない部分、すなわち余白にすぎない。とするならば空間は依然として物質的な存在であることを脱することがなかった。ところがフィッシャーのように意識の生成物が空間であると定義した途端に、空間は物質的存在であることを脱してしまうのである。すなわち壁や柱、あるいは家具などのすべての物質的存在の余白が空間なのではなく、それらの物質的エレメントの上位(メタ)レベルに空間という仮想の(意識上の)存在が位置するというわけである。空間という上位の形式性の中に、すべての物質的エレメントが、置換可能なエレメントとして配置される。空間とエレメントは二つのレイヤーを構成することとなるのである。

この転換の背景にはもちろん、相対的空間の出現という事件があった。同時に、当時の建築技術の革新も大きな役割を果たした。西欧の伝統的建築手法である組積造においては、ソリッドな物質の余白はそれぞれ部屋という形で閉じていて、連続していくことがない。ゼンパー流の余白としての空間という概念は組積造の厚い壁で作られた部屋＝Raum(ドイツ語では部屋と同時に空間を意味する)が与えてくれる感覚とほぼ一致した。しかしその先のメタレベルの空間という概念は、当時の日常的な空間感覚を大きく逸脱していた。

しかし、一九世紀後半に登場した鉄骨造において、物質と余白との逆転が生じる。すなわち余白であり脇役であったものが連続してひとつの支配的な場を構成し、壁や柱などの物質はその圧倒的質量を失い、あたかも置換可能なエレメントであるかのような軽やかな相貌を呈するようになるのである。いわゆる透明性とはこのような日常的景観を記述するための概念として登場するのである。景観が概念を誘導したのである。

建築物の構造形式と空間概念は、このように密接に関わり合うものであったが、さらに注目すべきことは、その関係性が相互的であるということである。構造形式が新しい空間概念を誘発するトリガーとなり、かつそこで登場した新しい空間概念(たとえば透明な空間)が、こんどは構造形式の進化をさらにエスカレートさせるという形での相互性である。一九世紀から二〇世紀へといたる建築の諸形式、諸運動、諸技術は、すべてこの透明な空間という目標をめざした試行錯誤の歴史であったといってもいい。

そのプロセスにおいて幾何学と運動という二つの概念が作動しはじめたのである。エレメントの置換可能性を保障するために、それぞれのエレメントは抽象化されなければならず、幾何学化されなければならなかった。そしてそこに発生する空間に対しては、それぞれの主体が強く確実にインボルブされるために、すなわちフィッシャー流の言い方をすれば、空間の中で生命の赤い血が流れるために、空間に運動(ムーブマン)が必要とされたのである。この二つの特性を統合することが、近代のすべての環境的芸術(建築、彫刻、アート)の目標となったわけである。

デ・ステイルは立体派、未来派、表現主義などのすべてのムーブメントの後に、最終的な統合者として登場する。ではなぜデ・ステイルがこの統合を成し遂げたのか。

その理由は、彼らが遅れてきたことにある。すなわち近代の前衛達が抽象と運動の統合という最終目標に到達する前に、第一次世界大戦（一九一四―一八年）が起こった。第一次大戦によってヨーロッパ世界は、そして西欧文化は決定的に変質した。前衛も変質を余儀なくされたのである。しかし、デ・ステイル発祥の地オランダは、その嵐の中できわめて特殊なポジションを与えられた。ヨーロッパの主要な国々の中で、唯一オランダだけが中立の恩恵に浴し、大戦の嵐をまぬがれたのである。なんとデ・ステイルは大戦の真っ只中、一九一七年に旗揚げされた。この時間差、この遅れがデ・ステイルをして、目標の達成、統合を可能ならしめたのである。

もちろん、そこでは単に物理的な時間だけが味方をしたわけではない。その数年の時間差の間に、立体派の拠点パリからオランダへのモンドリアンの帰国という出来事があり、またフランク・ロイド・ライト設計のロビー邸（一九〇九年）（図15）のヨーロッパへの紹介（一九一七年に発行されたヴァスムート版のライト作品集第二巻による）もまた、デ・ステイルの統合の実現に対して大きく寄与した。ライトの作品のヨーロッパへの紹介は、一九〇九年発行のヴァスムート版第一巻にまでさかのぼる。デ・ステイルにも大きな影響を与えたオランダの大建築家ベルラーヘは、すでに一九一二年の講演会の中でライトを

図 15(上)　ロビー邸(設計：フランク・ロイド・ライト 1909).
図 16(下)　ユニティ教会(設計：フランク・ロイド・ライト 1906).

賞賛しているが、一九一七年までのライトはラーキンビル(一九〇三年)とユニティ教会(一九〇六年)(図16)という二つの作品に代表されるマッシブなライトであり、その後のロビー邸ほどの影響を与えることはなかった。ロビー邸は、ヨーロッパの前衛達にとって、抽象と運動の統合の一種の衝撃的な先例として受け取られ、とくにデ・ステイルに対して、決定的な影響を与えたのである。

しかし、それでもまだ、すべての問題、疑問が解決したというわけではない。デ・ステイルは近代の目標を達成した。しかし、にもかかわらず、デ・ステイルは二〇世紀を制することはなかったし、後世に対する影響力[36]もわずかであった。そこにデ・ステイルのパラドクスが集約されている。リートフェルトはなぜかモダニズムの巨匠に挙げられることはない。あくまで巨匠はル・コルビュジエであり、ミース・ファン・デル・ローエであり、彼らが二〇世紀という時代を制したのである。

コルビュジエとミースの作品は一見対照的である。しかし、共通しているのは、彼らが第一次大戦前はほとんど見るべき活躍をしておらず、大戦後に突如頭角をあらわしたということである。大戦前に活躍した前衛達と、コルビュジエ、ミースとの差異は、大衆社会への理解力の差異である。大戦前の前衛達は、画布の上では、あるいは製図板の上では数々の実験を繰り返しながら、アート、建築と社会との関係への理解においては、貴族社会の芸術という枠組みを超えることがなかった。しかし、コルビュジエ達は、大衆社会における芸術と社会との関係を正確に理解していた。その理解に基づいて作品を作り、また、その理解に基づいた巧妙なやり方で、作品を社会に投入したのである。

大衆社会において、建築は一個の商品(オブジェクト)として大衆に受け入れられる。この決定的事実をコルビュジエ達は正確に理解していたのである。オブジェクトとオブジェクトの間のすきまは大衆の関心の外にあった。すきまを利用して抽象と運動を統合するといった高度なテクニックは商品の世界とは無縁であった。商品は、なによりもまずひとつの強固でわかりやすい図像性を持っていなければならない。一目見てはっとするようなパッケージをまとっていなければならない。そのパッケージの内側で繰り広げられる事件や実験よりも、まずはパッケージの図像性が要請される。そのために彼らはまず建築を、その外部の世界から切断することを考えた。

図17　バルセロナ・パヴィリオン(設計：ミース・ファン・デル・ローエ 1929)．白い基壇が建築と大地とを切断する．

商品というものは通常、移動可能な自立したモノとして把握される。建築もまた環境から切断されてはじめて、商品として、人々から受け入れられると彼らは考えた。そのためにコルビュジエは列柱(ピロティー)を用いて建築を大地から浮上させて切断し、ミースは古典主義建築が行ったように、乱雑な大地の上にまず基壇を築き、その上に自らの芸術作品をうやうやしく配置したのである。ピロティーや基壇で切断された芸術作品には、単純でわかりやすい形態が与えられた。サヴォア邸(一九三一年)(図9参照)やバルセロナ・パヴィリオン(一九二九年)(図17)は、その切断ゆえに二〇世紀の大衆メディアの中を流通していったのである。

一方、デ・ステイルは、切断に対してほとんど興味を示さなかった。切断によって自分達の作品を商品化しようという意図はなかった。切断をするまでもなく、自分達の作品は環境や社会から突出したアートであることを疑おうとしなかった。その部分に関しては、彼らは信じがたいほどにナイーブ(幼稚)であったのである。

切断への関心は、危機感の反映でもある。二〇世紀においては、商品化という操作によってのみ、芸術と社会とが回路を結びうるとするならば、二〇世紀の建築の置かれた位置は絶望的ですらあった。絵画や彫刻はすでに額縁や台座(基壇)によって、二〇世紀のはるか以前から、環境とは明確に切断されていた。ルネサンス以降の近代化のプロセスの中で、すでにその切断をはやばやと達成していたのである。さらにこれらの領域では、貴族的なパトロネージが、二〇世紀にいたっても依然として力を保ちつづけており、商品化の必要性はより稀薄だった。それに対し、建築の危機は深刻であった。額縁はなかったし、パトロネージも風前の灯であった。この危機感がコルビュジエとミースを生んだのであり、彼らの作品には非常時の危機感と力強さが備わっていた。その強さがデ・ステイルの建築家の繊細な透明感を一瞬にして葬り去ったのである。

コルビュジエやミースらモダニズムの「勝ち組」が、もうひとつの武器としたのは、新しいテクノロジーであった。第一次大戦後の彼らの言説の中心はテクノロジーであり、形態の構成や空間の性状に関する言説は驚くほどに少ない。第一次大戦前の立体派、未来派、そして戦中にスタートしたデ・ステイルが、ともに構成や空間を議論の中心に据えていたのとは対照的である。作品の中でも「勝ち組」は新しいテクノロジーを積極的に使用した。正確に言えば、使用し、かつその使用のプレゼンテーションにつとめた。コルビュジエは、組積造からの解放という建築構造技術の革新のプレゼンテーションの

図 18(右)　バルセロナ・パヴィリオンのクロムメッキの柱(設計：ミース・ファン・デル・ローエ 1929).
図 19(左)　シュレーダー邸(設計：G. T. リートフェルト 1924).

ために、横連窓の表現に徹底的にこだわった。ミースは鉄骨構造のスレンダーさを強調するために、クロムメッキのほどこされた十字形断面の柱を表現の中心に据えた(図18)。先進的なテクノロジーを表現することが、何よりも優先された。空間の流動性やエレメントの抽象性といった要請よりもテクノロジーのプレゼンテーションが優先されたのである。

この態度はデ・ステイルの代表的作品であるリートフェルトのシュレーダー邸(一九二四年)(図19)とは対照的である。シュレーダー邸において、エレメントの構成はコルビュジエやミースの作品よりもはるかに動的であり、モダンである。しかし、実際には、そのエレメント群を支える構造システムは、旧態依然とした組積造であったし、新しいテクノロジーのプレゼンテーションという指向は彼にはなかった。リートフェルトはただ壁や柱に原色を塗って分節しただけである。この指向は彼のデザインした家具群

図 20(右)　レッド・アンド・ブルー・チェア(設計：G. T. リートフェルト 1918).
図 21(左)　MR20(設計：ミース・ファン・デル・ローエ 1927).

(図20)にもあらわれている。形態的構成は斬新であるが、材質は木であり、伝統的な木製家具の技術(彼自身が家具職人の出身であった)によって、その構成は達成されたものであった。「勝ち組」の建築家達はスチール・パイプの曲げ加工という新しいテクノロジーによって、新しい家具のイメージを創出していたが、リートフェルトはそのような手法には関心を示さなかった。そして、最終的に大衆から支持されたのはスチール・パイプの家具(図21)の表層的な新しさのほうであった。スチール・パイプの家具は爆発的に普及し、既製品として二〇世紀の定番となっていったのである。

だからといって、今日われわれの目から見た時に、デ・ステイルが古くて、コルビュジエやミースら「勝ち組」のデザインが新しく見えるというわけではない。切断した商品を作り出すために、ピロティーや基壇という古典的な手法を採用したコルビュジエやミースの作品は、空間の透明性や流動感といった点から見れば、デ・ステイルよりもはるかに古めかしく見える。あるいは、スチール・パイプが決して新しいテクノロジーではなくなってしまった今日から見れば、リートフェルトの家具のほうが、マルセル・ブロイヤーやマルト・シュタム達がデザインしたスチール・パイプの家具よりも、はるかに斬新で、モダンなものとして目に映る。

しかし、にもかかわらず、デ・ステイルは「勝ち組」とならなかった。勝敗を分けたのは他でもなく戦争であった。「勝ち組」は戦後に登場した一群の人々である。彼らは、戦争の論理を建築へと適用したのである。デ・ステイルは戦争と無縁な平和な人々であった。

戦争とは異質な空間の強引な接合である。異質な空間が接触し、その二つの空間の上位に、それらを包括するようなメタレベルの空間を構築することが不可能とわかったときに、人々は戦争という手段を敢えて採用する。そこではきわめて単純で粗雑なロジックに基づいて勝敗が決せられる。新しいテクノロジーが古いテクノロジーに勝利し、単純で鋭利なものが複雑で繊細なものを圧倒するのである。それが戦争の論理である。

二〇世紀を支配したのは、戦争の論理であった。そこでは異質な空間、異質な文化が、強弱という野蛮な原理に従って強引に接合された。異質性は忘却され、大衆というモノリシックな存在が出現した。大衆は単純でわかりやすい商品を好む。複雑で奥行きのある商品は敬遠される。勝利を収めたのは、コルビュジエやミースがデザインした、環境から切断され新しいテクノロジーで武装した、単純でわかりやすい商品であった。

「デ・ステイル＝様式」という名称は悲しいほど正確に彼らの手法の限界を告白している。アートの進化は様式の転換というかたちをとると、彼らは信じていた。一〇〇年もたった後で、はるか上空から見れば、所詮は様式の転換であろう。その意味で彼らは間違ってはいない。しかしその渦中では、すなわち戦時においては様式という客観的存在など見えるわけがない。様式の転換をのんびりと分析している余裕などない。技術と商品イメージを武器とする生々しい戦いを生きぬくしかないのである。遅れてきた平和の中にいた彼らは、その決定的な事実に気づくことがなかった。

近代とは異質な空間の統合のプロセスに他ならない。異質な空間をひとつに統合してメタレベルの透明な空間を生成することが「敗け組」であるデ・ステイルの目標であった。しかし、この目標は戦争の性急な論理の前に敗北する。メタレベルの空間を構想するるような、まどろっこしい方法を拒否して、強引に異質な空間同士を接合することを選ぶ戦争の粗雑な論理が、勝利を収めたのである。

では今、われわれはどんな時代を生きているのだろうか。かつてのような形での戦争は存在しない。大衆という巨大なマッスは姿を消しつつあり、精緻な情報が驚くべき速度でネットワーク上を往来する。強引に建築を商品化する必要もなく、パッケージですべてが決するわけでもない。われわれはやっと、デ・ステイルが夢見たように、オブジェクト(商品)とオブジェクトの間のすきまに目をやることができるのだろうか。

残念ながらわれわれが生きている空間はそれほどに透明ではない。戦争に取って代ったのは平和ではなくセキュリティー管理であった。透明性ではなくセキュリティーが空間を支配するのである。ネットによってひとつにつながったかに見えるが、実際のところ世界はセキュリティー・システムによって囲われた無数のエンクロージャーに分割されている。エンクロージャーからこぼれ落ちたすきまはムーブマンのための自由な空間どころではない。エンクロージャーのすきま、そのほころびは暴力の場でしかない。暴力をかろうじて排除した、こぢんまりとしたエンクロージャーの中でのみ、われわれはかろうじてデ・ステイルの透明を獲得し、デ・ステイルのすきまとたわむれることができる。その場所とて、いつ暴力にさらされるか、誰もその安全を保障することはできない。ネット社会の平和とはこの種の平和である。ネット社会の透明とはこの種の透明である。透明はいまだ幻想の域を出ていない。

2　デモクラシーという幻想／シンドラー

二〇世紀について考える時、一人の建築家の人生がしばしば頭に浮かぶ。ルドルフ・シンドラー。一八八七年、ウィーンに生まれ、一九五三年、ロサンゼルスの地で死んだ。彼の人生そのものが二〇世紀という時代への批評となっているように、僕には思える。シンドラーは、失敗した建築家である。彼は様々に、そしてたびたび失敗した。なぜ、彼は失敗したか。それは彼がデモクラシー(民主主義)の建築家であったからである。民主主義は失敗を繰り返した。失敗を繰り返すべく、運命づけられたシステムであった。それゆえ、シンドラーもまた失敗を繰り返したのである。

二〇世紀は、民主主義の時代であったと、しばしばくくられる。正確に言えば二〇世紀とは民主主義の時代であり、またその失敗の時代であった。同じように、二〇世紀の建築とはいかなる建築であったかと問われれば、民主主義の建築であり、その失敗の実体化であったと僕は答える。

では民主主義の建築とは何であったのか。施工段階における民主化と、計画段階における民主化を達成したものが民主主義の建築である。施工段階の民主化とは、職人的な閉じられた施工方法にかわって、工業化による開かれた施工方法の採用であった。そして機能主義とは、建築の計画段階における民主化の言い換えである。権力の表象を目的とする建築にかわって、使いやすさを優先した建築を作ろうというスローガンである。作る側、与える側を優先する計画にかわって、使い手、受け手という逆サイドの立場に立って考えるという主張が、機能主義の本質であった。

空間という概念も、同様に、建築の民主化における、重要な概念であった。実体と実体との間に存在する空隙の部分が空間と呼ばれ、注目されはじめたのは一九世紀である。その概念の確立において、大きな役割をはたしたのは、ドイツの建築家ゼンパーであり、その空間主義をウィーンのオットー・ワグナー(37)とアドルフ・ロース(38)が継承した。建築を体験し、受けとる主体に対し、建築は空間として出現する。なぜなら、受け手という主体は、実体の部分にではなく、空間に棲んでいるからである。形態や建築は実体に関する概念であり、作り手の側の概念であった。そして空間とは受け手の側の概念である。実体にかわって空間の重要性が説かれるということは、受け手の側に立って、建築を考えろという革命的主張であった。

そして空間への指向性の先には、表層への指向が控えていた。受け手は残念ながら空間の表層しか見ることができない。その表面の裏に隠蔽された構造、あるいは、はるか上の俯瞰的ポジションからながめた建築全体の構成など、受け手にとってはどうでもよかった。まず、実体から空間への転換があり、その延長上にすべては表層として出現するという表層主義があり、さらにその先に、厚みや陰影を徹底的に排除した表層的な建築表現が生まれたのである。

この意味において「建築の民主主義」を最も見事に体現した建築家はオットー・ワグナーであった。彼は機能主義を唱え、空間の重要性を説き、そして表層性の表現(たとえばマジョリカ・ハウス(一八九九年)(図22)のすべての壁面を薄いタイルで貼りくるんだ陰影を排除したファサード)においても時代をリードし、かつパネル工法等の建築の工業化(すなわち施工の民主主義)についても、様々な実験を行ったのである。

図 22 マジョリカ・ハウス(設計：オットー・ワグナー 1899).

一方それと比較すれば、フランスのモダニズムの中には依然としてアカデミーの残滓が感じられる。空間よりは実体が重視され、表層よりは奥行きに価値が見出され、工業化よりは現場打ちコンクリートの力強い表現が求められた。そのような世界的配置の中で、ルドルフ・シンドラーは、ワグナーの活躍したウィーンで青年期をおくった。一九一〇年、ワグナーの指導するウィーン美術アカデミーに入学し、建築を学んだ。彼は「建築の民主主義」の中心で、自己を確立したのであった。

一九一四年、シンドラーはアメリカへ向かう。この渡米は、当時のシンドラーに最も大きな影響を与える存在であったウィーンの建築家、アドルフ・ロースのアドバイスによるものであったと伝えられている。ロース自身、渡米の経験があり、彼はアメリカの先端的な建築技術の実際を、特に鉄骨によるラーメン構造を写真によってシンドラーに示した。シンドラーは一歩先の民主主義を求めてアメリカへと渡ったのである。

まず彼はシカゴのオッテンハイマー、スターン&レイチャートの事務所に応募して採用された。鉄骨技術をリードするシカゴで修業をし、そののち憧れの存在であったフランク・ロイド・ライトのもとで直接学ぶというのが、彼のヴィジョンであった。一九一七年、晴れてライトの事務所への入所が認められ、一九二〇年、ロサンゼルスのバーンズドール邸の現場監理の責任者を命じられた。バーンズドール邸(一九二一年)(図23)はライトにとってはじめての西海岸でのプロジェクトである。実際にはライトは、一九一六年から二二年の間、帝国ホテルのプロジェクトのため、ほとんど日本に滞在していたので、ライト自身がシカゴから西海岸へと移動したわけではない。しかし、バーンズドール邸のプロジェクトに前後して、ライトは四軒の住宅をＬＡの近辺で設計し、ライトのアメリカでの活動の中心は、シカゴからＬＡへとシフトしたのである。

シカゴから、西海岸へ。この移動はきわめて大きな意味を持つ。シンドラーの人生にとって、そして彼の建築にとって、大きな意味を持った。そして同様に、師のライトにとっても、この移動の意味は大きかった。あるいは、二〇世紀の建築史の全体にとっても、この移動は大きな意味を持つのである。

ひとつの特殊な建築技術が、この移動の持つ意味を象徴している。プレキャスト・コンクリート造[39]である。ライトも、そしてシンドラーも、西海岸へ移動し、遠からず、同じようにして、プレキャスト・コンクリートに魅せられていくのである。

ライトとプレキャスト・コンクリートとの出会いは、バーンズドール邸の立葵の花の形をした、装飾用のコンクリート・ブロックであったと考えられる。続く三軒のＬＡの住宅では、コンクリート・ブロックは装飾用ではなく、建物本体を支える構造材

図 23　バーンズドール邸(設計：フランク・ロイド・ライト 1921).

図 24(上)　シンドラー自邸施工風景.
図 25(下)　シンドラー自邸(設計：ルドルフ・シンドラー 1922).

料として用いられている。ブロックのエッジには溝が切られ、そこにセメントを流してブロックは接合される。この作業において、熟練した職人は、全く必要とされなかった。ライトは誇らしげにこう述べている。「コンクリート・ブロックは最も安く醜いものだ。多くの場合、側溝などで岩肌の石材の代わりとして使われる。この側溝のネズミで何ができるか試してみたらどうだろう(40)」。

シンドラーの用いたプレキャスト・コンクリートは、ライトよりもはるかに素朴なものであった。一九二二年、シンドラーは、ウエスト・ハリウッドに自邸を建設した。ライトのもとを離れて、はじめての仕事が自邸であった(図24・図25)。この平屋の小さな住宅で、彼は珍しい工法を試みた。現場の地面の上でコンクリート・パネルを平打ちし、それを一枚一枚立ち上げ、そのすきまをモルタルで埋めて壁を作るのである。それは最も原始的で、最も安価で、最も熟練から遠いプレキャスト・コンクリート造の建築であった。

ライトもシンドラーも偶然、プレキャスト・コンクリートにたどりついたわけではない。当時のLAの建築技術レベルの低さが、彼らを新たな表現へと駆り立てたのである。シカゴのような高度な鉄骨技術は望みようもなかったし、現場打ちコンクリートの技術レベルも低く、かつレンガの職人さえほとんど存在していなかった。高度なインシュレーション(断熱)機能を建築に求めないLAの温暖な風土と、当地の技術レベルとは密接な関係があった。アマチュアと呼んでもいいような低い技術レベルの支配下で、建築を作っていかなければならなかった。その土地には巧まずして、すでに「建築の民主主義」が存在していたのである。その状況が彼らの内にはぐくまれていた「建築の民主主義」をめざめさせたのである。

ライトとシンドラーはともに西海岸へと移動し、ともに、「民主主義的素材」としてのプレキャスト・コンクリートにたどりついたのである。しかし、その後の二人の軌跡は、対照的ともいえるズレを見せはじめる。

両者の用いたプレキャスト・コンクリートのデザインの差異の中に、すでにそのズレの予兆を見ることができる。ライトのコンクリート・ブロックにはマヤの装飾を想起さ

図 26 エニス邸のコンクリート・ブロック(設計：フランク・ロイド・ライト 1924).

せるような繊細な凹凸がつけられていた(図26)。一方、シンドラーのコンクリートに、そのような細工は一切ほどこされていない。ライトは、「側溝のネズミで何ができるか試してみたらどうだろう」とは言いながら、実際にはそのネズミに、彼独特の装飾的パターンをまとわせた。そうしなければ、そこには「作品」が現れないと、芸術家であるライトは考えたのである。特権的で突出した存在、すなわち「作品」が出現しないことを、そして「作品」の作者としての「建築家」が出現しないことを、彼は何よりも恐れたのである。

ライトの根本にも「建築の民主主義」があったことは間違いがない。その証拠に彼は自由で流動的な空間に着目し、生涯、人間を拘束しない自由な空間を追求し続けた。しかし、同時に、空間の性状、空間の流動性を、二〇世紀の支配的メディア(すなわち写真)を使って伝達することがいかに困難であるかも、ライトは熟知していた。それゆえ彼はフォトジェニックな建築エレメントである空中にはり出したキャンティレバーをしばしば用いた。

写真は空間を伝達することには、不向きだった。空間は形態的ヴォキャブラリーに変換されて、はじめて写真上に表現される。大きくはり出した屋根やスラブの形態を見て、人はやっとのことで、その空間の流動を感知することができる。キャンティレバーという形態を通じて、屋内と屋外が相互に浸透しあう様子を感知できる。特に写真のフレームの端部にうつされたキャンティレバーは、広角レンズの生み出す歪みによって、一層、その空中への大胆な持ち出しを強調するのである。

図 27　ハーバート・ジェイコブス邸(設計：フランク・ロイド・ライト 1937). ユーソニアン住宅特有の水平ボーダーを取り付けた壁面.

ロビー邸(一九〇九年)(図15参照)はそのようにして「傑作」となった。あるいは、ライトが三〇年代のユーソニアン住宅と呼ばれる一連の住宅でしばしば試みたように(図27)、木製の横羽目板に、さらに水平のボーダーを打ちつけることではじめて、水平の流れは誇張され、空間の流動性は写真的に伝達された。写真という二〇世紀メディアは、二〇世紀建築のデザインの方向性を逆向きに規定したのである。

しかし、「側溝のネズミ」＝コンクリート・ブロックで、そのような表現を行うことは困難であった。ひとつひとつを大地から積み上げていくコンクリート・ブロックで、キャンティレバーの持ち出しを作るのは困難であった。ブロックのピースは人間の手で扱えるサイズに限定されるため、極端な横長《よこなが》、縦長《たてなが》のプロポーションを生み出すことも不可能であり、空間の流動性を表現するには不向きであった。それでもLAのライトの住宅を訪れた人は信じられないほどに豊かな空間を体験することができる。それ以前のロビー邸にも、その後のユーソニアンにも負けないほどの流れる空間が、そこには存在している。しかしそれを二〇世紀のメディアである写真で伝達することの困難を、賢明なるライトはすぐに察知した。だから彼はLAを離れたのである。彼は西海岸にとどまることは意味がないといって、この地を去った。そして、シンドラーはこの地にとどまって、生涯を全うしたのである。

ライトはプレキャスト・コンクリートの限界を察知し、西海岸を離れたのである。そしてもちろんのこと、ライトがそこで見たものは、プレキャスト・コンクリートというひとつの素材の限界ではなかった。「建築の民主主義」自体の限界をプレキャスト・コンクリートというひとつの素材、ひとつの技術が、きわめて象徴的に体現し、露呈したのである。

そこでは単に、民主主義的な工法や計画手法(機能主義、空間主義)と、二〇世紀的なメディアとの間のギャップが存在しただけではない。根底にあるのは、建築という巨大な物質の集積と、民主主義的な手続きとの間に存在するギャップである。巨大な物質の集積を民主主義的な手続きによって決定し、施工するという行為に、そもそも大きな困難が存在したのである。たとえば機能主義というテーゼにおいても、その時に設定される利用者という主体は誰なのか。どのようにして選ばれるのか。どのようにして、集団を個人が代表しえるのか。もし、建築が充分に小さく、特定の個人のために存在する小さな装置のようなものであったなら、このような困難は生じない。建築はあまりにも大きく、複数の人間を収容せざるを得ない存在であり、コミューナルでしかありえない存在なのである。ゆえに、このギャップ、この困難は不可避であった。そして、二〇世紀における大衆という存在の出現と爆発は、この困難を一層加速した。

空間主義というテーゼにおいても、同じようにして、困難は出現する。空間は利用者一人一人に対して主観的に出現する。とするならば、その「空間」をもって建築を決定することは、「機能」を基準にして建築を決定する以上に、困難なはずであった。特権的なるもの、能動的なるものを主語にして、建築の方法を組み立てることは容易であるが、受動的なるものを主語にして建築の方法を組み立てることは困難をきわめる。受動と能動との間のギャップを埋める方法論を、発見できないからである。

民主主義的手法とメディアとの間にギャップがあったわけではない。民主主義に必然的に付随する個人と世界とのギャップを架橋するべく、そこにメディアが参入するのである。受動と能動との間のギャップを架橋すべく、メディアが参入するのである。しかし、メディアの参入によって実際に引き起こされたことは、民主主義の破壊であった。ファシズムとはその極端な例である。そこではメディアがその内的ロジックによって選択したものが、民主主義的に選択されたと錯覚される。たとえばメディア映えする一個人によって、多様で巨大な集団が表象される。機能主義という方法の困難はその一個人の出現によって忘却され、同時に、民主主義もまた破壊されるのである。空間においても、メディアによって伝達可能であること、すなわちメディア映えすることが、空間の必要条件とされる。そのようにして、キャンティレバーや横目地のような特定のフォトジェニックなヴォキャブラリーが世界を席捲することになった。

空間を時代のテーマにしようと志したにもかかわらず、二〇世紀のメディアは空間を伝達するには不向きであったということなのである。二〇世紀メディアの本質が依然として一方的な能動性であったことを考えれば、このギャップは時代の必然でもあった。結果として、空間をテーマにしてスタートしたはずの二〇世紀建築は、一向に空間に到達することはなかった。空間的特質を表象するいくつかの特定な形態ヴォキャブラリーの流行のまわりを、ただぐるぐると廻っていただけだったのである。そして空間に到達できないということは、空間を受動的に理解できないということであり、民主主義には永久に到達できないということに他ならなかった。

施工法についても同様に困難があった。建築は巨大であり、さらに一層巨大化の途を歩んでいた。その時に、民主化と工業化とは一致しない。巨大な物質の集積を工業化された方法で施工しようとすれば、施工の民主化とは逆の方向にいかざるを得ない。「開かれた技術」によって誰もが施工できる建築というのは幻想でしかなく、巨大資本に占有される高度な「閉じた技術」によってのみ、巨大な建築の施工は可能となるという現実があった。計画においても施工においても、巨大さと個人とを架橋することができなかったのである。結果として個人は抑圧され続け、民主主義は抑圧され続けるしかなかった。

このようにして「建築の民主主義」は何重もの困難にとり囲まれていた。その時、一群の建築家は、いち早く民主主義を放棄し、民主主義のロジックに適合する建築からメディアのロジックに適合する建築へと、巧妙なるシフトを敢行するのである。そもそも民主主義が支配的になれば、建築家という特権的職能自身が危機にさらされるのは、当然のなりゆきであった。とすれば、このシフトはきわめて賢明なる選択であったというべきかもしれない。ル・コルビュジエとミースは、最も見事なシフトを行った。アメリカの草の根の象徴とも見なされるライトですらそのシフトを行い、成功した。ライトの西海岸からの脱出は、このシフトすなわち民主主義からの離脱を象徴する出来事だった

図 28　ロヴェル・ビーチ・ハウス(設計：ルドルフ・シンドラー 1926).

のである。民主主義(プレキャスト・コンクリート)が放棄され、メディアが選択されたのである。

しかしシンドラーだけは西海岸にとどまった。二つの見方が可能である。シンドラーであるからとどまることができた。あるいは西海岸であるからとどまることができた。

シンドラーは確かに二〇世紀を生きる建築家として、ナイーブすぎたのかもしれない。彼はほとんどメディアとは無関係に、建築を作り続けた。メディア映えする形態、メディア映えする空間というものを考慮することなく、建築を作った。それゆえ彼の傑作であるロヴェル・ビーチ・ハウス(一九二六年)(図28)は、一九三二年のニューヨーク近代美術館での「モダンアーキテクチュア展」に展示されることもなく葬られた。この展覧会は歴史を決定した展覧会と呼ばれた。ここに出品された作品が、自動的にモダニズムの代表作という認定を受けたからである。

ロヴェル・ビーチ・ハウスの建築はピロティーで持ちあげられながら、そこにはコルビュジエのサヴォア邸(図9参照)のような白い純粋形態が浮いているわけでもなく、ライトのようなヒロイックなキャンティレバーもなかった。ビーチの風が流れ込む、一階の屋外スペースの快適さは、サヴォア邸のピロティーよりもはるかに見事な空間的解決であったとしても、到底写真では伝達不可能な性質の快適さであった。権威(たとえばニューヨーク近代美術館)を起点として、そこでお墨つきを与えられた二次元ヴィジュアルを一方的に配信すること。それが二〇世紀のメディア・システムの基本であったことを考慮するならば、メディア映えよりも民主主義を優先させたシンドラーの作風が、権威から評価されるはずもなかったのである。ニューヨーク近代美術館が彼を呼ばなかったのは偶然ではない。二〇世紀の権威は、絶えず民主主義の側にではなく、メディアの側に荷担したのである。

そのシンドラーを支えたのは西海岸という、特殊な場所であった。西海岸は、民主主義にとって、甘くやさしい苗床だったのである。そこには、民主主義という危うく、頼りないシステムの有効性を錯覚させるだけのやさしさがあった。ひとつの秘密は密度である。シンドラーの自邸が、延々と続く豆畑の中にぽつんと立っていたように、西海岸では人も物もすべてが低密であった。すべての個人が自由に振る舞いながら、しかもそこに、おのずから調和が生じるという予定調和的幻想を与えるやさしい密度。

もうひとつの秘密は温暖な気候風土である。コンクリート・ブロックをひとつずつ積みあげていく程度のプリミティブな技術で建築を作りあげることができるという幻想。

その幻想を支えるだけの、やさしくおだやかな風土が、その地には存在していた。その地の建築は、個人を圧倒するヴォリュームと凝縮力を持つ物質の集積ではなかった。建築という圧倒的な集積と、脆弱な個人との不等号こそが、「建築の民主主義」を不可能にしたとするならば、西海岸における建築とは、もっとルーズであり、より脆弱な存在であり、個人を圧倒しなかった。建築と個人とは、ほぼ等号で接続される関係性にあった。その地における建築は、厳密に個人の行動を規定するような、固いエンクロージャーではなかった。そこには機能と空間を限定し規定するエンクロージャーのかわりに、不連続な断片がぱらぱらと散在していた。それがその地における建築であった。そのぱらぱらとしたものが建築であるならば、建築と民主主義の乖離を嘆く必要などは、これっぽっちもないのである。

そのやさしい風土がシンドラーという建築家を、スポイルしたのだとも考えられる。彼の後半生、作品はどんどん退屈なものになっていった。そこでは擬似的に民主主義が実現し、擬似的に、建築と民主主義とが矛盾なく両立してしまうのである。ライトはこのやさしさにスポイルされることを嫌って、西海岸を離れた。民主主義のいくつかの重要なヴォキャブラリー(たとえばコンクリート・ブロック)を獲得したのち、あえてその地をはなれたのである。

このような軌跡を辿ったのはライトだけではない。建築家は西海岸で建築の民主主義を学ぶ。西海岸では、容易に、らくらくと民主主義が実現してしまうと錯覚させるのである。しかしこの地にとどまる限り、その民主主義を世界に発信することは難しい。メディアと権威という装置を駆使して、それを世界に発信するには、西海岸というぬるま湯と決別し、そこから充分な距離をとらなくてはならない。西海岸における民主主義を、すなわち西海岸における「日常」を、メディア向けにパッケージし直すことが必要なのである。その時初めて、「日常」が「前衛」に化ける。シンドラーにはその技がなかった。「日常」を日常として、だらだらと再生産し続けることしかできなかったのである。

図 29　パシフィック・デザイン・センター（設計：シーザー・ペリ 1976）.

　多くの建築家が西海岸に出合い、そして巧妙に決別した。シーザー・ペリ[41]はそこで軽やかな表層性を学び、その後東海岸に移ってその方法を形式化し、世界的な存在となった（図29）。ヴェンチューリはラスベガスから持ち帰ったもので、ヒストリシズムの生みの親となった。フィリップ・ジョンソンにおいては、オレンジ・カウンティーのガラスのカテドラルのプロジェクトが、八〇年代

図 30　ゲーリー自邸(設計：フランク・ゲーリー 1979).

のポストモダンを準備した。あるいはフランク・ゲーリーは西海岸の不連続で断片的な表現をもって、ディコンストラクティビズム(42)を用意した(図30)。西海岸は二〇世紀のすべてのアヴァンギャルド、すべての民主主義的表現の苗床として機能したのである。

そしてこの構造は建築に限った話ではない。たとえばパソコンという発想も西海岸の密度とカルチャーの中から、生み落とされたものである。コンクリート・ブロックによって脆弱な個人でも世界の全体を組み立てられるとライトやシンドラーが考えたように、パソコンによって個人が世界に立ち向かえると、アラン・ケイは考えたのである。西海岸の民主主義の最良の部分を結晶化したものが、コンクリート・ブロックであり、パソコンなのである。

ライトやシンドラーの民主主義は挫折したが、アラン・ケイの民主主義は実現した。パソコンによって組み立てられた世界、すなわちネットワーク社会は、中央集権的なメディア構造にかわる、新たな関係性を社会へと導入した。しかし、本当に民主主義は最終的な勝利をおさめたのだろうか。世界の人々はパソコンを手にした。ちょうど、コンクリート・ブロックを手にした時のライトのように、あるいは豆畑のまん中にプレキャスト・コンクリートの壁を立ちあげた時のシンドラーのように、人々は興奮した。しかし、その勝利を確信した瞬間、ブロックはぼろぼろと指の間からこぼれ落ちる。世界に対するブロックの無力を、そして個人という存在の無力を、ライトもシンドラーも見てしまったに違いないのである。

大切なことは、西海岸の低密と温暖の中にあってのみ、人々は民主主義という幻想を見ることができたという事実である。パソコンはすでに西海岸を離れた。制度的なるものの海の中に、投入され変質していったのである。そこにあるのはかつてアラン・ケイが夢見たものではない。何重ものセキュリティーによって管理された「自由なコンクリート・ブロック」なのである。かつてシンドラーを排除したものとは別種の見えざるセキュリティー・システムによって「コンクリート・ブロック」は何重にも監視されている。その恐さを、まだわれわれは充分理解していない。

3 デモクラシーの戦後／内田祥哉

内田祥哉[43]という一人の学者、建築家によって、日本の近代建築は救われた。では、何から救われたのか。どのようにして救われたのか。

日本の近代建築は、ゆがんだモダニズムであった。実はこのゆがみ、日本の近代建築だけのものではない。二〇世紀のモダニズム自身が、当初からひとつのゆがみを内蔵していた。日本のモダニズムは、このゆがみを継承、そして増幅させたのである。

このゆがみは、一言でいえば「芸術としての近代建築」というゆがみである。建築に限らず、すべての近代主義的運動(モダニズム)は一九世紀的な芸術、すなわち「ブルジョアジーのための芸術」という存在形式の否定を目的としてスタートした。そのためにモダニズムは、建築を科学にしなければならないと唱え、建築を工業にすることを唱えた。特権的な芸術家によってデザインされ、特権的、秘技的な施工技術を用いて建設される芸術作品としての建築という存在形式を否定することが目的であった。すべての人々に開放された客観的な手法(すなわち科学)によって計画され、デザインされた建築が、すべての人々に開放された技術(すなわち工業)によって、安価で大量に建設されること。それが初期モダニズムの最大の目標のはずだったのである。

しかし残念ながら、この目標は中途で放棄された。最も効率的にモダニズムを普及させるための手段は科学や工業ではなく、まさに破棄し、否定したはずの「芸術」こそが最もふさわしいということを、モダニスト達は発見したのである。その発見が、モダニズムを転向させてしまうのである。

一九三二年にニューヨーク近代美術館で開かれた「モダンアーキテクチュア展」はインターナショナル・スタイルという単語を広く世界に知らしめたエポックメーキングな展覧会として知られる。しかし、実際のところ、この展覧会こそ芸術への回帰を象徴するイベントだった。それは、美術館という権威によって選定された芸術家＝建築家が美術館という特権的空間に自らの芸術作品を展示することを許された、輝かしくも反動的なイベントに他ならなかったのである。芸術の否定を目的として出発したモダニズムは、再び芸術へ回帰した。この転向が二〇世紀のモダニズムに様々なゆがみをもたらすのである。

この転向を象徴するとびきりの「芸術家」が、ル・コルビュジエであった。コルビュジエもまた、科学と工業をテーマに掲げてスタートした。ドミノ(図31)、シトロアン(図32・図33)という二つのプレファブリケーションの提案、そして建築物の寸法を科学的に統制しようとするモデュロール(図34)。それらの工業的、科学的発想法が、彼のスターティングポイントであった。しかし、彼はやがて科学も工業も放棄して、芸術へと邁進していくのである。本来は工業化をも視野に入れたモデュロールの発想が、もっぱら比例によって美を獲得しようとするギリシャ、ルネサンスの芸術に連なる芸術的道具の探究へと転換されていくプロセスは、その転向を象徴している。

科学、工業から芸術へ。この転換を可能にしたのが、コンクリートという素材であった。コンクリートはいかなる自由な造型(芸術的造型)にも対応する素材であった。二〇世紀の「芸術建築」は、コンクリートの産物である。コルビュジエは、現場打ちコンクリートの可塑性を最大限に利用することで、科学、工業というテーゼからの逸脱、転向を人々から気づかれることなく、突出した「芸術作品」を次々と実現していったのである。

コルビュジエの芸術を継承し、増幅したのが丹下健三である。「機械的なものは美しい」という機能主義の基本的テーゼを、丹下は「美しいものは機能的である」という名句を吐いてマジックのような見事さで反転してしまった。芸術は科学、工業を凌駕するというおそるべき自信に満ちた宣言である。そしてこの宣言を可能にしたのは他でもない日本という国の後進性である。

西欧において、「芸術としての建築」の否定は、モダニズムの最低必要条件であった。

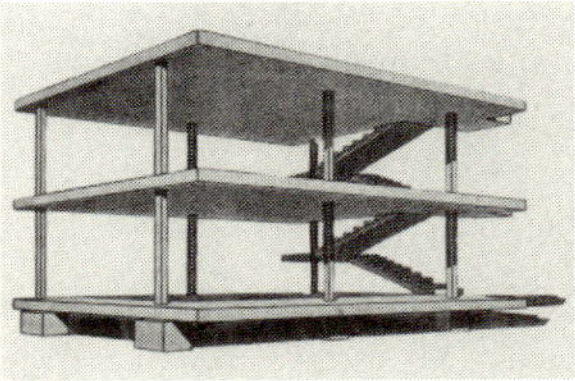

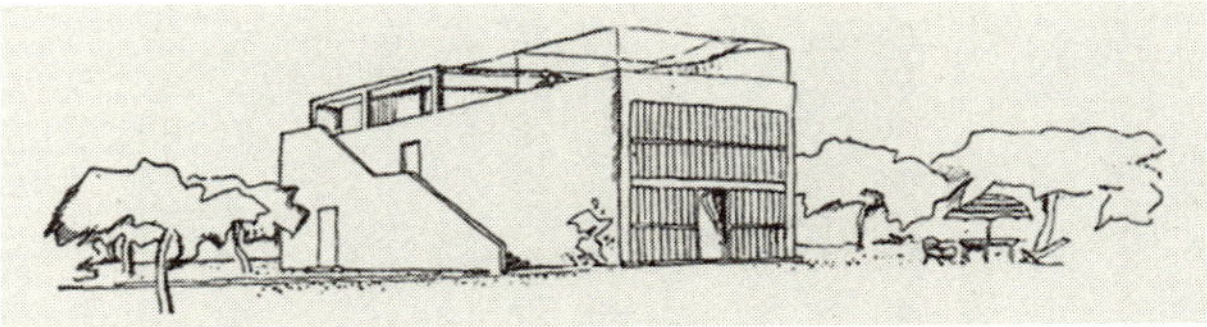

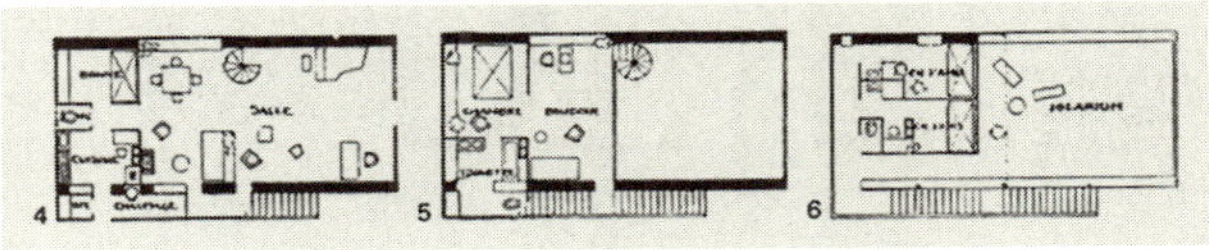

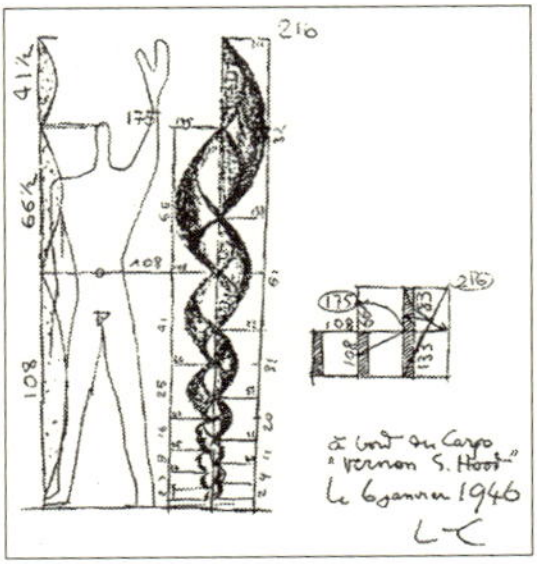

図 31(上)　ドミノ・システム(ル・コルビュジエ 1914).
図 32(中上)　シトロアン・ハウス(設計：ル・コルビュジエ 1920).
図 33(中下)　シトロアン・ハウス平面図(設計：ル・コルビュジエ 1920).
図 34(下)　モデュロール(ル・コルビュジエ 1946).

芸術をいったん否定しながら、再度芸術を確立するために、コルビュジエはコンクリートやモデュロールという道具立てを必要としたのである。しかし日本においては、そもそも、特権的な建築家も特権的な芸術建築も存在しなかった。芸術を否定する必要は最初から存在しなかった。むしろ芸術をできる限り早く捏造することが要請されていた。そこには後発のネーションステートのイメージ戦略として、建築というメディアを利用したいという日本の国家サイドからのモティベーションも重層していた。西欧においてネーションステートに奉仕したのは、一九世紀の古典主義建築である。しかし、日本をはじめとする後進の諸国では二〇世紀のモダニズムにその役割が期待されたのである。そこから様々のねじれが生じた。丹下はそのねじれた要請に見事に応えてみせた。彼は見事に芸術家を演じ、また見事にコンクリートの自由を使い切ったのである。

このきわめて日本的な構図、日本的な芸術の中で、決定的に抑圧されたのは、建築における科学と工業である。突出した芸術家によって作られる芸術的コンクリート建築において、日本は世界のレベルに肩を並べたが、モダニズムの最大の課題であったはずのところの建築の科学化、工業化は置き去りにされた。そして建築の科学化、工業化とは建築のデモクラシー(民主主義)の別称に他ならない。建築の民主主義とは建築を市民の手に取り戻す作業であり、建築を「公」が用いる道具から「私」のための道具へと取り戻す作業である。

日本の近代建築において、建築は芸術として突出し社会から注目される一方で、民主主義という課題は見事にネグレクトされた。そして民主主義という視点がごっそりと欠如した近代建築という、奇形的ムーブメントがスタートするのである。

そこに内田が登場する。民主主義をテーマにしたのは内田だけではない。丹下をモダニズム第一世代のチャンピオンとするならば、内田をはじめとする第二世代は本人が意識していたか否かは別として、建築の民主主義という志を抱いて、それぞれのキャリアをスタートさせている。芦原義信[44]、清家清[45]、池辺陽[46]、それぞれがそれぞれの方法で民主主義に挑戦した。芦原は外部空間というモニュメンタルになりようのないものを重視するユニークなスタンスを採用することで、モニュメンタルな芸術的物体（オブジェクト）としての建築を否定しようと試みた。清家は日本の伝統的な民家のフレキシブルなプランニング手法やデザイン手法とモダニズムとの同一性を提示した。池辺は設計の手法を徹底して科学化しようと試みた。

しかし、建築の民主主義という観点から見れば、三人の試みはどれも未完であった。芦原は、外部空間については科学的に論じることができたが、肝心の建築の本体については、科学的に論じようとはしなかったし、彼にはその必要もなかった。清家の方法はあまりにも感性的であって、科学的な構えや工業的な視点を欠いており、普遍化されて社会に浸透していくことは難しかった。清家の小住宅（図35）は日本を訪れたグロピウス

図 35　斎藤助教授の家(設計：清家清 1952).

をも驚かせるほどの冴えを見せたが、科学的方法論を持とうとしなかった清家は、巨大建築にその切れ味を適用するすべを持っていなかった。逆に池辺はあまりにもまじめに、そして性急に科学と設計とを接合しようとした。機能を科学的プロセスにのっとって計画に翻訳する途を彼は本気で追求した。コルビュジエはその手法を主張はしたが、その方法で設計ができるなどとは一度も考えたことがなかった。その途がいかに困難であるかを直感的につかんでいたからである。池辺はその陥穽にすっぽりとはまり、脱出できなかった。

一方、内田はこう大胆に言い放った。「明日の目的は今日の目的と異なるとすれば、今日評価されたものは明日の役には立ち難い」。この簡潔な一言をもって、彼は機能主義の限界と危機を誰もしたことがないほどの見事さで指摘したのである。彼は機能とか目的とかいう曖昧な概念を媒介とすることなく、できうる限り直接的に、そして即物的に建築に向かい合おうとしたのである。

ただし直接的、即物的に向かい合えば建築が科学になるというわけでもない。直接性、即物性はしばしば非科学的な職人世界へと人々を導いてしまう。内田はその手の神秘主義にも陥らなかった。神秘主義と芸談は、いつの世にも建築の世界の隅にいて、建築の変革とも社会の変化とも関係のない無駄話を延々と続けているからである。そんな無駄話にかかずらわる時間は彼にはなかった。それゆえに内田は建築を科学することに成功し、建築に工業の視点を導入し、要するに建築を民主化したのである。彼の即物主義が神秘主義と直結していたならば、彼の思想が日本の建築生産のあり方を変革することもなかったろうし、丹下的方法、芸術的方法とは別の方法を提示することもなかったであろう。日本の建築が内田によって救われたというのは、その意味においてである。ではなぜ彼は即物的でありながら、しかも神秘主義に陥ることがなかったのだろうか。

その鍵はエレメントという概念にある。彼は建築をぬめぬめと続く連続体として捉えずに、可能な限り独立したエレメントの集合体として捉えようと考えた。科学は独立したエレメントの発見からスタートする。しかし、モダニズムにおいては、コンクリートというあまりにも優秀な素材の発見が、建築をエレメントへと分節するベクトルを抑圧してしまった。コンクリートはドロドロと一体となって、エレメントにほどきようがないからである。にもかかわらず、この不定形の液体はどんな形態をも自由に創造できる万能の素材だった。内田はその芸術的、神秘主義的混沌の中から、明確なエレメントを救い出すことに挑戦したのである。研究においても、そして彼自身の設計した作品においても、このスタンスは一貫している。

たとえば彼は現場打ちコンクリートという連続体をできる限り回避し、プレキャスト・コンクリートという分節されたエレメントを用いることにこだわった。柱、梁とがはっきりと分節された木造には、さらに強く固執した。仕上げにおいても、吹きつけや塗り材のようなドロドロとしたもののかわりに、タイルのような分節されたエレメントを好み、クロスにおいてさえも、切れ地貼りのようなエレメントの分節された形式をわざわざ選択した。すべてがぱらぱらと切り離され、エレメントとして分析可能なものに切りわけられているのである。

一言でいえば、彼の敵はコンクリートという魔物であった。彼はユーモアに満ちたやり口でこの魔物を繰り返し攻撃する。たとえばコンクリートがいかに耐久性を欠いているか指摘する。一見石にも類するほどの耐久性を持つかに見えるコンクリートが、実際のところいかに脆弱な素材であるかを、彼は執拗に指摘した。その欠点をカバーするためにプレキャスト・コンクリートを採用し、さらに耐久性を万全とするため、コンクリートから分離した二重皮膜を提唱する。あるいはコンクリート造技術が結局のところ日本の木造技術の延長線上にあることを指摘する。なぜなら、木の板で作った型枠に液体を流し込まなくてはコンクリートは作れないからである。あの神秘的な連続体を可能にしているのが、木の板という分節されたエレメントの加工技術であるという、目のさめるような指摘である。このようにして内田は、コンクリートの神話を一枚一枚はいでいったのである。

なぜコンクリートはかくも否定されるのか。コンクリートは構造的、施工的に優れた可塑性の高い連続体であったがゆえに、合理主義と神秘主義とを、工業と芸術とを安易に接合させたからである。そしてその接合がモダニズムを沈滞させ、モダニズムを芸術という罠にからめとり、建築の民主化を遅らせたのである。それゆえに彼は否定するのである。内田はこの安易な接合を再び切り離すことを試みた。そうすることによって日本のモダニズムを救出しようとしたのである。

4　制度と唯物論／村野藤吾

村野藤吾(47)という建築家を、位置づけるのは難しい。そして位置づけの難しい人物に僕は惹かれる。分類を拒絶している人物はしばしば分類そのものを嘲笑しているからである。彼について考えているうちに、分類について考え、見直さずにはいられなくなる。そのような建築家は、それほど多くない。

村野という作家は、従来の公式的な近代建築史の上にのらない。近代建築史では説明できない村野という存在そのものが、公式的な近代建築史を批判しているのである。虚偽に満ちた様式主義的な建築の否定の上に、近代建築が成立したというのが、公式の近代建築史が描く教科書的構図である。その二分法に基づけば、村野は、近代建築が支配的な時代においてなお、様式主義寄りの姿勢を保ち続けた、唾棄すべき後衛であった。そして「後衛」村野の対極には絶えず「前衛」のチャンピオン丹下健三がいた。日本の近代建築の正史はそう語る。

村野を「様式主義者」として位置づけしようとする者にとって、日本生命日比谷ビル

図 36(右)　日本生命日比谷ビル(日生劇場)(設計：村野藤吾 1963).
図 37(左)　都ホテル佳水園(設計：村野藤吾 1959).

(日生劇場)(一九六三年)(図36)ほど、最適の証拠品はほかにはない。村野の作品集のページをめくっていけばそれは一目瞭然の事実である。和風の範疇に位置づけられる一連の作品(たとえば佳水園(一九五九年)(図37)や松寿荘)を除けば、明らかに日生劇場は最も様式主義と近接した作品であろう。

まず外壁における石の使用が、様式主義を彷彿とさせる。意外にも、村野の作品の中で、外壁に石を使ったものは極端に少ない。日生劇場のほかにはわずかに日本興業銀行本店(一九七四年)、箱根プリンスホテル(一九七八年)などを数えるのみである。しかも日本興業銀行本店における石は、様式主義というよりもスムーズな表層をめざす、モダニズム建築における石の使用法に近い。ただひとつ日生劇場の石だけが、はっきりと様式主義的な組積造を思わせるウマ積み[48]の表現を与えられ、しかもその石の表面には組積造的表現をさらに強調すべく、ウマ積みの

図 38(右)　日本生命日比谷ビル　外壁目地パターン．
図 39(左上)　日本生命日比谷ビル　開口部．
図 40(左下)　ヴィチェンツァのバシリカ(設計：アンドレア・パラディオ 1549)．

目地パターンに沿ってフラットなボーダー部を残した小叩き仕上げがほどこされている(図38)。石の壁にうがたれた開口部は「様式性」をさらに補強する。両脇に小窓を従えて、ａｂａのリズムを有するその開口のデザイン(図39)は、古典主義系の様式的建築において最もポピュラーなモチーフのひとつであったパラディアン・ウィンドウ[49](図40)のヴァリエーションのひとつである。さらに最上部に取り付けられた銅板葺きの庇は、様式的建築の[50]用語法でいえば、まさにコーニスそのものである。村野藤吾の「後衛性」をこれほどにはっきりと証明する作品はほかにはない。

しかし、内部に入ると、その印象は少しずつ変化する。一階のロビーの床はあいかわらず大理石貼りであるが、天井には一転して鈍く銀色に光るアルミの押出し材が並べられている。即物的な工業製品をエレメントとする、この光沢に満ちた幾何学的で硬質なデザインは、アールデコ[51]そのものである。その輝く天井と白大理石の床にはさまれた空間に、階段は浮遊する(図41)。階段を独立したエレメントとして浮遊させるというヴォキャブラリーは、アールデコには存在しない。この浮遊する階段というヴォキャブラリーは、まさしくモダニズムのものである。この異常なほどの軽さ、無重力感は、村野独特の優雅な曲線と華奢な手摺のディテールによって達成される。ル・コルビュジエやミースの中にもある「軽いエレメント」をはるかに凌駕する軽さ。様式主義、アールデコ、モダニズム、そのどれとも呼びかねる独特の空気。光。

図 41　日本生命日比谷ビル　浮遊する階段.

劇場に入ると、カテゴライゼーションをさらに超越した、不可思議な世界が広がる。自由にうねる曲面や天井はガウディのようでもあるが、そこにはガウディにはない清潔で硬質な光沢があり、しかもガウディの曲面をさらに上回る動的なダイナミズムがある。この独特な光沢は金箔を部分的に使用したガラスモザイク・タイルと、真珠色のあこや貝の貝殻をふじ色の石膏に埋めこむという、世界に類例のない天井デザインの手法によって達成されている。光る壁はバルコニーや出入口によってもとぎれることなく、どこまでも平滑にすべり続け、流れ続けていく。

日生劇場の内部空間が持つ、これらの空間的特性は、いわゆる「様式主義建築」の持つ空間的特性とは対極的なものと言わざるを得ない。そこにあるのは一言でいえば空間の近代性である。無重力性、表層性、平滑性、硬質性、光沢、これらは空間の近代性を構成する諸要素であった。モダニズムもアールヌーヴォーもアールデコも、二〇世紀の建築運動はすべてこの「空間の近代性」の獲得を目的として展開されたといってもよい。日生劇場の内部にはそのどのムーブメントの達成と比較しても見劣りのしない、「空間の近代性」が息づいている。しかもそのどれにも分類ができない。

内部を見終わって、再び外部にたち戻ると、日生劇場の見慣れた外観も、また違った見方をわれわれにせまる。石貼りの外壁は自らが非耐力壁であることを告白するがごとくに薄い表層として仕上げられている。パラディアン・モチーフを模した開口まわりをよく見れば、そのディテールによって示されるのは壁の徹底的な薄さである。さらに二つの街路に沿って立ち上げられた二枚の表層が接合するコーナー部分(図42)で、その薄さは再度強調される。村野にとって窓の浅さ、すなわち外壁の表層性は、生涯のテーマでもあった。「窓のたたずまいをきれいにするということを考えます。こんどの場合でも、やはり窓の美しさというものは、深さはもちろん考えて、あの程度が適当だと。あまり深くしてないです。窓を深くするというのはいちばん危険です。エレベーションがくずれるのです[52]」。

外壁の表層性は、構造柱と外壁の位置関係を通じて、再び表明される。開口部は柱と柱の間の位置にうがたれているのではなく、構造柱と同一の位置にうがたれる。外壁がキャンティレバーで持ちだされた非耐力壁だから、そのようなことが可能になるわけだが、それにしてもこの[53]開口部の位置設定は、古典主義のルールを大きく逸脱している。構造システムとデザインとの不一致という指摘と批判が、当時、村野の建築に対してたびたびなされた。中でも日生における鉄骨構造で石貼りの外壁という組み合わせが、一部の人々から格好の批判の標的

図 42 日本生命日比谷ビル　外壁コーナー部分.

とされた。そしてこの手の批判は主に、近代建築信奉者の手によってなされた。さらに彼らは日生が劇場と事務室からなる複合建築であるにもかかわらず、外観がその複合性を表現せず、異種の用途に対して、同一のファサードが割りあてられていることを批判した。しかしよくよく考えてみれば、この自由な外壁こそが建築の近代性と呼びうるものであった。コルビュジエが近代建築の五原則のひとつに挙げた、構造から自立した「自由なファサード」(54)の見事な実例であった。村野を批判したモダニスト達は、いつのまにかモダニズムとは別の場所に立っていたのかもしれない。それはどんな場所なのだろうか。僕の関心はそこにある。

さらに外観の構成を慎重に検討すれば、一見様式主義的な外観の背後に、それとは全く裏腹な、むしろ様式的建築に対する悪意と呼ぶほかないような形態操作が顔をのぞかせる。まず日生の外観は、明らかに三層構成を採用している。低層部、中層部、屋階部という三つの層からなる三層構成は、古典主義建築の中心に位置するその最も基本的なルールである。しかし、日生における三層構成は通常の三層構成を全く反転した、きわめてユニークで奇形的とすら呼びうるものである。古典的な三層構成においては、低層部は基壇部とも呼ばれ、そこには重量感のある量塊的な表現が与えられる。中層部には面的な表現が与えられ、屋階部には最も軽やかで線的な表現が与えられる。そのように「重」から「軽」へとグラデーショナルに形態とテクスチュアを構成することにより、建物全体に古典的な安定感を与えるのがこの手法の目的である。ところが日生においては、全く別のヒエラルキーが建物に与えられている。最も重量感があるのは、ラスティケーション(粗石積み)風の中層部であり、低層部は逆に線的な柱と透明感のある大型のガラスによって構成されている。しかも中層部の最下部を形成する二階部分の壁は三階以上の中層部の壁面よりも内側にセットバックしている。上部にいくにしたがって建物の壁を内側にセットバックさせて安定感を増すというのが古典主義の基本ルールであるが、ここでは逆に上昇するにしたがって壁は外側へとはり出すという異常さなのである。

図 43　サヴォア邸(設計：ル・コルビュジエ 1931).

三層構成の反転は、もちろん村野にはじまったわけではない。コルビュジエが近代建築の五原則のひとつとして提唱したピロティーとはまさに、三層構成を反転したものであった。彼は代表作のサヴォア邸(一九三一年)(図43)において、きわめて知的でレトリカルな手続きを経て、三層構成を反転している。低層部にあたる一階は細い柱と透明感のあるガラスによって構成され、中層部にあたる二階は、横連窓がうがたれたひとつのフラットな面としての表現が与えられ、屋階部にあたる三階にはコンクリートの抽象的な量塊(ヴォリューム)としての表現が与えられている。三層構成は近代的なヴォキャブラリーに変換された上で、完全に反転されているのである。

日生とサヴォア邸とどちらがモダンであり、どちらが近代的であるのか。表面的なヴォキャブラリーを比較すれば確かにコルビュジエはモダンであり、日生はクラシカルであり様式主義的である。しかし、もしひとつの完結したスタティックな美学が支配する世界をクラシックと呼ぶならば、サヴォア邸のほうが明らかにクラシックであり、日生はクラシックな建築ではない。表面的にはクラシックなヴォキャブラリーを使いながら、実際のところ数限りない建築的な違反行為を通じて、クラシックな静的美学に対して、ほとんど致命的ともいえるほどに辛辣な批評を加えること。日生とはそのような建築であり、もしクラシックな全体性に対する批評的行為を指して「近代性」と呼ぶならば、日生とはきわめて近代的な建築であり、その近代性はむしろサヴォア邸を上回る。

ではサヴォア邸にあって、日生にないものとは何か。それは理念である。その有無がサヴォア邸をモダニズムの神殿たらしめ、建築教科書の定番とした。一方、構造と表層の不一致をはじめとする日生のモダニティーは批判されることこそあれ、ポジティブなモダニティーとして評価されることはなかった。日生という建築には理念というものがすっぽりと欠如しているように見える。日生に限らず、村野の建築には、おおよそ理念と呼べるようなものがない。しかし、にもかかわらず、彼の建築の根底にはある種の強烈であざやかな近代性が脈打っている。その意味において、村野の建築はアールデコの建築と類似している(図44)。事実、世代的にも、大恐慌前の一九二〇年代のニューヨークにアールデコの華を咲かせた一群の建築家達と村野とは、ほぼ同世代に属する。アールデコもまた徹底した近代性の追求であった。当時アールデコ建築という呼び名はなく、そのスタイルの建築は単に modern architecture と呼ばれていたという事実も、それを例証する。古典主義、ゴシックなどの様々な様式主義的ヴォキャブラリーを自由に変形、操作、反転することによって、表層性、硬質性、流動性などのタームで表現される空間の近代性を貪欲なまでに追求したのが、アールデコ建築であった。そしてアールデコにもまた理念が欠如していた。

図 44　宇部市民会館(設計：村野藤吾 1937). アールデコとの直接的類似性がはっきりと観察される.

しかし、アールデコに魅力を与え、それを輝かしているのは、まさにその「理念の欠如」ではないだろうか。一方、様式としてのアールデコに引導をわたし、そのあまりにも短い様式的寿命の原因となったのもまた、「理念の欠如」に他ならない。アールデコ・スタイルは一九二九年の大恐慌によって葬り去られたわけではない。「理念」を伴ってヨーロッパから到来した「他者」によってアールデコは葬り去られたのである。インターナショナル・スタイルという「理念」を伴って、ヨーロッパから到来したアヴァンギャルド建築家達によって、アールデコにピリオドがうたれた。非常に個人的かつ感覚的な方法を通じて試みられた近代性の追求(すなわちアールデコ)は、きわめて党派的で(その意味において政治的で)かつ論理的な方法を通じて行われた近代性の追求(すなわちインターナショナル・スタイル)に対して完全な敗北を喫したのである。

ではなぜ村野というアールデコは生き長らえることができたのか。インターナショナル・スタイルが全盛を誇る中を、村野だけがなぜ生きのびたのか。世界の近代建築史を眺めわたしても、これはきわめて例外的で奇妙な事件である。大恐慌で死んだはずのアールデコが、日本でだけは一九八〇年代まで生きのびていたのである。村野はなんとインターナショナル・スタイルよりもさらに永く生きたといえるかもしれない。単なる物理的な長命ではなく、村野は一九八四年の死の直前まで、円熟しかつ刺激的な作品を作り続けた。なにが、このような奇跡を可能にしたのか。僕の関心はその問題に集中する。なぜならこの問いは単に村野という作家論を超えた射程を持っているからである。すなわちこの問いは、個人的で感覚的な方法が、政治的で論理的な方法を凌駕しえるかという問いと同型なのである。

この問いに対して答えるには、日本という特殊性について論じないわけにはいかない。村野というアールデコはインターナショナル・スタイルという新しい制度的な美学の中を生きのびるために、様々な日本的な装置を総動員した。それによって、アメリカでもヨーロッパでも起こりようのなかった奇跡が、日本では起こったのである。たとえば村野は数寄屋(55)という日本的装置を駆使した。数寄屋という美学は先述した「理念なき近代性」そのものである。既成の様々な様式主義的ヴォキャブラリーに対する辛辣で緊張感に満ちたクリティシズムこそが、数寄屋という美学の本質であった。その点において数寄屋はアールデコであるといってもいい。しかし、数寄屋はアールデコほど脆弱ではなかった。数寄屋は自らの方法論が基本的にいかに vulnerable(傷つきやすい)であるかを本能的に察知し、その方法論の周囲を幾重もの制度によってガードするのである。

まず数寄屋の設計者は家元制に近似した制度的で伝承的な職能保護システムによってガードされ、第三者がその制度の内側に参入するのはきわめて難しい。それをきわめて伝承的かつハイコストで、結果としてきわめて排他的な施工システムがさらにガードする。日本の多くの伝統的な芸能においてその美学的な vulnerability はこのようにして制度的に防衛されるのである。そして、村野は近代建築家であると同時に数寄屋建築の大家であり、数寄屋の伝統の延長上に、見事で非のうちどころのない数寄屋建築を作り続けた。村野自身が、この数寄屋という制度の内側にあり、村野という作家は、数寄屋という制度によってがっちりと守られていたのである。村野はこの点においてアールデコ建築家とは対極的な境遇を獲得する。村野には帰るべき家があった。村野にはシェルターがあったのである。村野が近代建築というフィールドにおいて試みた、一見きわめて恣意的で危険なデザインも、数寄屋という村野の「本籍」に免じて許され、かつ認証されるという巧妙な構図であった。

村野が利用したのは数寄屋という装置だけではない。吉田五十八(56)も、数寄屋という装置を利用して生きのびた、もう一人のアールデコ作家であった。二人は世代的にも近かったし、数寄屋への関心の高さも共通している。にもかかわらず吉田と村野のスタンスはおもしろいほどに対照的である。一言でいえば村野という作家は二つの場を持っていた。ひとつは時代と直接に向かいあい、時代との直接的な対決を通じて近代性を追求していくプラグマティックな設計事務所という場であり、もうひとつはその戦いの合間に「帰るべき家」としての、数寄屋という避難場所であった。

一方、吉田という作家は、生涯を通じて単一の場の中で活動をした。彼にとっては商業建築もいわゆる数寄屋風の住宅も、同一の場に属していた。その場を彼は数寄屋の連続的な延長として把握した。数寄屋と近代的な大規模建築との連続性を保持し、確実な

図 45(右)　帝国ホテル茶室(設計：村野藤吾 1970).
図 46(左)　川合玉堂邸(設計：吉田五十八 1936). 吉田流の徹底して抽象化された数寄屋.

ものにしていくべく、数寄屋とモダニズムのデザインとの調停を通じて、彼のユニークな作風を確立していったのであった。

一方、村野にとって、数寄屋とはすでにしてひとつの近代性そのものであった。それは静的で完結したひとつのスタイルではなく、絶えず過去を批判し反転し続ける機会としての近代性そのものであった。その意味において、村野にとっての「帰るべき家＝数寄屋」は、戦いの疲れをいやす息抜きや休息の場ではなく、むしろ近代性に関する実験の場だったのである(図45)。そのような村野の数寄屋観に基づけば、モダニズムとの折衷の結果でしかない吉田流の数寄屋(図46)はすでに死んで冷たくなったひとつの様式でしかなく、永遠の実験室としての数寄屋の本質からかけはなれたものと村野には映った。村野にとって数寄屋がすでに近代性そのものなのであるから、それをさらに近代性と調停させるなどという行為はきわめてナンセンスなのである。

村野は吉田の死に寄せた一文の中で、吉田は長唄の名人であり、吉田の建築もまた長唄的であると評している。ここでいう長唄とは、死せる様式としての数寄屋のメタファーに他ならない。長唄はかつては江戸のモダニズムの真髄であったが、今や骨董品でしかないと村野は感じた。数寄屋とモダニズムとを調停しようという問題設定がすでにモダニズムの精神の否定であると村野は考えた。二つの様式を調停しようとした時、すでに答えは見えており、そこには目の前の現実の流動性とは無関係な趣味的な折衷様式が生まれるだけだと、村野は吉田の調停を批判したのである。村野は自分はプレゼンティストであるという表現を繰り返し用いている。今を生きる人間という意味である。プレゼンティストの村野から見れば、様式としての数寄屋とモダニズムという様式を組み合わせる吉田は、プレゼンティストとは対極の様式主義者と映ったに違いない。

村野は数寄屋という場を利用しただけではなく、丹下健三という存在をも、きわめて巧妙に利用しつくした。中心としての丹下に対して、反中心としての村野という構図を演出したのである。彼はライバルと戦ったわけではなく、ライバルを利用したのである。ライバルの活躍が派手であればあるほど、村野の存在価値も高まるという構造であった。反中心という文化的装置が、日本の文化の中で、いかに批判をかわすのに適した安全な場所であるかを村野は熟知し、利用したのである。

年齢的にいえば丹下は一九一三年生まれ、村野は一八九一年生まれであり、二二歳、すなわちほぼワン・ジェネレーションも村野のほうが年長である。にもかかわらず、二人の、作家として世の中に登場した順序を見直してみれば、村野の後に丹下が来たのではなく、丹下の後に村野が来た。丹下の作家としてのピークは一九六四年の国立屋内総合競技場以前であり、村野の作家としてのピークは一九六三年の日生劇場以降である。丹下は日本において、「理念としての近代性」を代表する作家であった。彼はそれゆえに日本の建築家の中心になり、建築界の王権の地位を獲得したのである。

しかし、日本において、文化的な中心は得てして文化的な空洞に陥る。日本の政治的権力の空洞化と相似である。日本においては中心的な文化に対する批判としての反中心が、最も豊かで独創的な文化を形成してきた。たとえば中心的な建築様式としての書院よりは、反中心としての数寄屋、書院への批評としての数寄屋にこそ見るべきものがあった。村野もまた反中心のポジションを選択し、演じてみせた。村野は様々な意味あいにおいて丹下の対極を形成している。東大に対する早稲田、官に対する民、東京に対する関西、理念に対する感性、男性的なものに対する女性的なもの、工業製品に対する手仕事。そのシンメトリーはほとんど芸術的といっていいほどに完璧であった。

村野のピークが一九六〇年代以降、彼が七〇歳を超えて到来したのは偶然ではない。丹下という中心が一九六〇年代にはっきりした形で確立され、その中心が確立と同時に空洞化していくのと連動して、村野という反中心は浮かびあがっていったのである。もちろん反中心＝村野は自動的に浮きあがったわけではない。村野は日本において反中心が備えるべき要件と、反中心が持つ高いポテンシャルをほぼ完全に理解し、その上で反中心を演じきった。その結果として彼は一九六〇年代以降の輝かしい活動と名声とを手に入れることができたのである。このように、あらゆる日本的な文化的装置を総動員することによって、「理念なき近代性＝村野」は「理念としての近代性」が支配するところのモダニズム全盛期を見事に生きのび、モダニズムという理念の死にまでつき合うこととなったのである。

ただし村野という建築家は「数寄屋」や「反中心」だけで説明するのでは不充分である。村野という問いは日本的特殊性の内側に収めきることはできない。もし村野がその程度の「日本的」建築家であったなら、決してマルクスの『資本論』など読みふけることはなかったであろう。彼は日本的特殊性の中に安住して、やすらかに一生を終わることはできなかった。だから村野は『資本論』を一生にわたって愛読した。それも『聖書』を読むように愛読した。ここにこの村野という大きな謎を解くひとつの鍵がある。

村野が経済に対して関心があったことは充分に納得できる。丹下的なる中心に振りあてられた役割が「公」と「政治」であったとすれば、村野的反中心には「民」と「経済」がわりあてられていたからである。事実、村野は財界から圧倒的支持をうけた。しかしこれだけならば、村野が経済に対して関心を持つことの説明にはなっても、村野がマルクスに対して関心を持つことの説明にはならない。「見えざる手」のアダム・スミスもあるし、ケインズもあり、マネタリズムもあるのに、村野はなぜマルクスを読みふけったのか。

「商品は命がけの跳躍をする」とマルクスは言っている。この言葉こそがマルクスと村野とを接続する。アダム・スミスらの古典派経済学者達にとって、商品は決して跳躍しないし、跳躍する必要もない存在である。なぜなら商品の値段は「見えざる手」によって自動的に決められ、その値段に従って商品はなんの緊張感もないまま取引きされていくのである。しかし、マルクスは交換というもの、市場というものが、それほど単純ではないということを知っていた。交換とは基本的に、異なる価値体系、価格基準を持つ両者の間でなされるものであり、それゆえにこそ交換の必然性、必要性はある。しかし当然のこと、異なる価値体系をまたがって交換される商品は、相手に引きとられる保証がないままに生産される。すなわち商品はそこで命がけの跳躍をするとマルクスは説いたのである。村野にとっては建築も建築家も、命がけの跳躍をするひとつの商品であった。中心的な仕事、公共建築をなりわいとする建築家は、このような認識を持つ必要はない。自分の作り出した商品はまちがいなく自動的に引きとられ、使用されていくからである。彼らの商品は必然的に弛緩する。一方村野の商品には跳躍する場に立たされる者だけが持つ、あでやかな媚と、自らの身を切り刻むほどの緊張感とが同居している。そしてこの二つは近代性と同義なのである。

なぜなら、「商品」という存在が本質的にはらんでいる危機とは、複数の価値体系の併存に帰因する危機であり、近代性とは同型の危機の別称に他ならないからである。近代にいたって複数の価値体系が遭遇し、その緊張からすべての近代的表現、近代科学が生まれた。この危機を解決するために二〇世紀のケインズ経済学もマネタリズムも登場した。しかし、これらの二〇世紀経済学は、商品の危機を制度的に解決しようという構えに立っていた。すなわちそれらの経済学はシステムの上部にいる人間、システムを操作の対象と考える人間のための経済学であった。いわば「官」のための経済学である。一個の商品の立場に身をおろして、その危機の本質を把握しようという構えに立ったのはマルクスだけである。それゆえ村野はマルクスを『聖書』と同じように読み、そして感情移入したのである。

そしてもちろんのこと、マルクスは経済や商品の領域を超えた射程を持つ。すべての個人的で感覚的なものは「商品」の危機を共有すると、マルクスも村野も主張したのである。近代という脱領域化のプロセスの中で、それらはすべて「命がけの跳躍」を要請されているのである。

「商品」の危機は一見ケインズ経済学やマネタリズムによって救われたかに見え、個人的で感覚的なものの危機はミースに代表される制度的で理念的な美学によって救われたかに見えた。それが二〇世紀という時代の錯覚である。ミースはすべての個人的で感覚的なものを許容する無限に寛容な場としての「均質空間」を提示した。しかし、本当にひとつひとつの「商品」は、そして「個人的なるもの」は救われたのであろうか。それから一世紀近い時間が流れ、すべてを許容する均質な空間などといったものは実際には存在しないということをわれわれはいやというほど思い知らされた。マクロ経済学はすべて破綻し、経済という学問は諦念に支配されて荒廃している。

モダニズムの唱えた理念というものの正体は、結局のところ、建築は商品を超えた公的な存在だという宣言に他ならない。それに対して、建築は商品に他ならず、それを超えたメタレベルになど立ちようがないということを、村野は冷徹に認識していたのである。そして商品は命がけの跳躍を絶えず要請されている。その認識に従って、彼は商品を誰よりも軽やかにつややかにデザインしたし、既成のあらゆる建築的手法に対して絶えず批判的であり、彼の商品は緊張感を失うことがなかったのである。

理念では商品は救えない。村野はそのことを熟知していた。その意味で彼は徹底した唯物論者であり、徹底したマルキシストであった。彼がモダニズムより長命であるといったのはその意味である。われわれは再びマルクスと同じ地点に、すなわち村野と同じ唯物論的な地点にひきもどされている。

5　場所、存在、表象／三愛ドリームセンター

三愛ドリームセンター（図47）は、子どもの頃からひとつの謎であった。その謎とは一言でいえば、銀座四丁目の角という「中心」に、なぜ、あれほどに、かわいらしくせせこましい喫茶店──しがない私鉄沿線の駅前の喫茶店のようなものがたっているのだろうかという謎であった。それほどに窓際の喫茶スペースはかわいらしく、みじめで田舎くさかったし、中央の円形のコアに比較して、不合理なほどに薄っぺらだったのである。

この謎を自分なりに納得するために、子どもの思考方法の限界の中で、いろいろの解答を考え出してみた。あれは仮設のパヴィリオンで、いつかは撤去されるのではないかという解答。しかしいつまでたっても、あのガラスのタワーは撤去される気配はなかった。あのタワーは、後ろにつながっている建物にアクセスするためのゲートで、本体はあくまで後ろ側にあるのではないか。現地を探索した結果、この解答も否定された。ドリームセンターは完結していて、どこにもつながることなく、ひとり淋しくたっていた。あるいは建物は上にのっかっている巨大広告塔の基礎にすぎないのではないかという仮

図 47　三愛ドリームセンター（設計：日建設計工務 1963）.

説。地面まで広告にするわけにもいかないので、仮に喫茶店やショップとして使っているのではないかという仮説である。それにしては、店のつくりが立派すぎるのが気になった。いずれにしろ謎の建築だった。子どもの理解を超えた理不尽さがあった。

なぜ、あの場所に、あんなものが、あんなデザインで……。この疑問は、場所、存在、表象の分裂によってもたらされる違和感と言い換えてもいい。銀座四丁目の角という中心的な場所には、それにふさわしい際立った存在というものがあるべきであり、さらにその存在は、それにふさわしい表象をまとっているべきであると、かつて人々は考えていた。実際にもヨーロッパの古典的都市、たとえばパリのような都市には、場所、存在、表象との三項の間に幸福な対応関係、すなわち線形性が存在していたのである。大通り（ブールバール）の交点にあたる特殊で中心的な場所には、それにふさわしい中心的で巨大な存在、たとえばガルニエ設計のオペラ座（図48）のような機能的にも規模的にも中心的な存在が建設され、オペラ座の建築家（この場合にはガルニエ）は当時の建築的ヴォキャブラリー、たとえば列柱、バロック的大屋根を駆使して、その存在にふさわしい強い表象性をそこに与えたのである。

ところが銀座四丁目の交差点には、そのような線形性が決定的に欠落している。まず場所と存在との間に埋めようのないギャップがある。日本一の商店街の中心である銀座四丁目の角に、場末の駅前の喫茶店風情があるという、シュールレアリスティックなギャップ。これこそ日本の都市の貧困を象徴するともいえるチープな風景である。しかし、実際のところこの種の場所と建築とのギャップは、それこそ世界じゅうの都市の中に五万ところがっているし、歴史的に見ても、少しも新しいものではない。パリにおいて場所と存在とがリンクし、線形性を保っているかに見えるのは、ナポレオンⅢ世による一九世紀半ばの都市改造の産物でしかない。モニュメンタルな施設を都市の急所に配置しようという基本方針に基づいて、彼は大改造を行った。それ以前のパリは中世都市と近世都市との無秩序な混合体であり、場所と存在とのギャップの集積そのものであった。

図 48　オペラ座(設計：シャルル・ガルニエ 1874).

身も蓋もないいい方をすれば、資本主義システムにおいて、場所と存在の一致はむしろ例外的事件とさえいえる。その例外でしかないものを、都市の基本的なあり方と錯覚したところに、近代の都市計画の誤謬があった。都市に静的なヒエラルキーがあるべきだと仮定し、それに従って土地の利用形態から、そこに建てられる建築物の形態までをヒエラルキカルに決定していこうとする近代都市計画は、この錯覚の上に成立したものである。資本の本質が「裏をかく」行為による利潤の追求にあるとするならば、都市に対してもまた、資本は絶えず線形的なヒエラルキーを破壊し、その裏をかくことによって、利潤を追求しようとするはずなのである。もし、都市の中に場所と存在との線形性が確保されているように見えたとしたならば、それはナポレオンⅢ世的強権の発動によるか、さもなくば線形性を基本理念とする共産主義的な計画経済の産物に他ならない。

銀座四丁目の本当の悲しさは、場所、存在、表象の非線形性にあるわけではない。この非線形なギャップを埋めようと、建築家が建築という狭いフレームワークの中に閉じこめられながら、必死に戦っているさまが悲しいのである。なぜ建築家はギャップを埋めなければならないと考えたのか。ギャップなき状態を都市の理想とする古典主義的な思い込み、あるいはナポレオンⅢ世的な幻想がこの風景の根底にある。なぜギャップを楽しめないのか。ギャップを都市の魅力へと反転する手はないのか。

好意的ないい方をすれば銀座四丁目で建築家は誠実すぎた。あの特異な場所にふさわしい突出した表象を創造すること。それがデザインの最大の目標であったことは、間違いがない。しかし、建築に要求されていた小店舗の集合体というプログラムとその特異な場所との間に、あまりにも大きなギャップがあった。建築家は突出した表象を用いて、このギャップを埋めようとした。ギャップが余計に、建築家を強い表象へと向かせたのである。その目的のため、この小さな敷地の、小さな建築に集中されたエネルギーは涙ぐましいばかりである。具体的に記述すれば、まずエレベーターと階段とを収容する中心部のコアのみで、建物を構造的に支えるという技術的アクロバット。シリンダー形状のガラスの表皮は、コアからキャンティレバー構造で持ち出され、そのシステムの採用によって外周部には一切柱が存在しない。柱という夾雑物のないガラスの表皮はあくまで均質につややかにカーブを描き、シリンダーはミニマルアートのような見事な単純さを獲得する。

狭小敷地における強い表象の獲得という設問に対しては、模範的解答ともいえる。しかしそのミニマルなシリンダーの美しさは、上部にのった巨大電光看板によって一瞬のうちに無に帰す。ビルボードの圧倒的表象性に比較したら、ガラスの繊細なディテールも、構造的アクロバットも、インテリの幼稚な遊戯にしか見えない。しかもその遊戯のフィールドは極端に限定されていて、遊びとさえも人々の目にはうつらない。美しいミニマルアートを人々は見過ごし、通り過ぎる。それゆえこの建築はとても悲しい印象を与える。建築家の誠実さと努力とがわかるので、余計に悲しくなってしまうのである。悲しくならないためには、いっそのこと、場所、存在、表象の三項のバランスなど考えず、表象という項を無視してしまえばよかったのかもしれない。単純化していえば、表象とは建築がどう受け取られるかである。消費者論理、デマンドサイドのロジックといってもいい。ドリームセンターの設計者は建築の表象性に意を尽くした。すなわち消費者に配慮し、消費者論理に対し敏感であった、大手設計事務所にしてみれば当然のスタンスであろう。消費者にこびることができてこそ、仕事は再発注される。模範解答であった。しかし丹精こめて作ったシンボリックな建築が、ただのなんの工夫もない広告塔に一瞬にして負ける、その負け方が悲しいのである。最初から表象など知ったことか、消費者など知ったことかと開き直ってしまったならば、悲しい印象は与えなかっただろう。個人の建築家ならそんな開き直りも可能である。消費者論理など無視して独善的な生産者論理(サプライサイド・ロジック)にだけ徹していれば、逆に奇妙な亀裂がうまれたかもしれない。場所、存在、表象は、説明しがたい非線形性によって、意外な緊張感を発したかもしれない。

ドリームセンターの悲しさとは結局、中途半端なものの悲しさなのである。消費者の顔を見て、表象に気を配りながら、しかも建築という古くさいフレームを踏みはずすだけの勇気がなかった。けたたましく発光する看板をも取り込み、形態、映像、グラフィックのボーダーを飛びこえ、自由に表象の問題に取り組むだけの勇気がなかったのである。その勇気を奪っているのは社会の枠組みかもしれない。建築家は建築だけを作ってくれればいい。看板もサインもあとはこちらでやりますという退屈な枠組みである。

建築家の側で、自ら枠組みを定めているという事情もあるだろう。建築、そして建築家というヴィトロヴィウス(57)以来の陳腐な特権性に依存していたいという自己規制。アカデミズムに所属する学者的な建築家がそのような特権性に依存するならばまだわかる。しかし実際には大組織に所属するコマーシャルな設計者ほど、この古典的枠組みから抜け出しにくい。消費者の顔ばかり見ているコマーシャルな存在であると批判されるのが、彼らは一番恐い。その結果、建築というもはや時代錯誤でしかない枠組みの中にとどまり、結果として最も中途半端で退屈なものを再生産し、建築という存在の自由を侮辱するのである。なぜなら建築という枠組みは不変のものではなく、自己否定の歴史、更新し拡張する歴史そのものであったからである。

この問題はすでにロバート・ヴェンチューリによって一九六〇年代に指摘されている。彼は建築をダックとデコレイテッド・シェッドとの二つに分類した(図49)。ダックとはアヒルの形をした奇妙な建築。表象の問題を無理やりに既成の建築的枠組みの中で解こうとするとダックになる。デコレイテッド・シェッドとは巨大な看板付きの建築。巨大看板付きの建築という存在は、当時の保守的な建築観の中では、建築家がデザインするまともな建築であるとは考えられなかった。しかし、そのような逸脱こそ最も建築的であり、正当な建築家が挑戦するに値する課題だと、彼は宣言したのである。

この指摘の背後にあったのは、場所、存在、表象は本質的に分裂していて、統合のしようがないという基本的認識である。存在が生産サイドのロジックであり、表象が消費サイドのロジックだとすれば、それを生産と消費の分裂と言い換えてもいい。マルクスが唱えた「商品の跳躍」が建築という商品をも支配しているという冷めた認識である。六〇年代、生産と消費、サプライサイドとデマンドサイドの間で様々なギャップが顕在化し、機能主義という名の予定調和説をもってしては、とてもその非線形性への対応が不可能であることが明らかになった時に、ヴェンチューリはダックとデコレイテッド・シェッドについて語りはじめたのである。

図 49　ヴェンチューリが描いたダックとデコレイテッド・シェッドのスケッチ.

しかし今日の世界を覆う非線形性の中では、ヴェンチューリすらひどく牧歌的な保守主義者に見える。看板付きの建築は、六〇年代には確かに新しかったかもしれないが、今日の眼で見ると、ダックという奇妙な複合体ではなく、看板と建築とを分節したデコレイテッド・シェッドを選択したことによって、建築本体の保守的なあり方は守られたかに見える。看板や映像との接合だけでそれを新しい建築と呼ぶ時代は、とうの昔に過ぎさったのである。建築の世界の内部(本体)と外部(看板)とを類別し、それを弁証法的に統合するというヴェンチューリのスタンスがすでに時代錯誤なのである。

内部と外部という類別がすでに意味を持たないのである。その意味で、すべてが建築という現象の内部でもあり、外部でもある。すべてはとうの昔に許されている。その徹底的自由の中で、なにが可能か。ドリームセンターの悲しい風景を見ながらそのような自由について考えた。

6　家をよこせ、テレビを見せろ／ヴェニス・ビエンナーレ 1995

一九九五年は様々な意味で特別の年である。僕にとっても、特殊な年であった。その特殊さは、ひとつの論争によって僕に刻印された。ヴェニス・ビエンナーレ美術展をめぐって繰り広げられた「普遍／特殊」論争である。

ヴェニス・ビエンナーレは美術界最大のインターナショナルなイベントであり、中でも一九九五年はビエンナーレの一〇〇周年にあたり、日本からの出展について早くから注目が集まっていた。その注目に応えるかのように、日本館のコミッショナーの選定に際し、はじめてコンペ制度が導入され、高階秀爾を審査委員長とするコンペで選ばれたのは美術評論家の伊東順二による「数寄――複方言への試み」という企画であった。ビエンナーレの全体テーマとして掲げられたのは「自己性と他者性」(Identity and Alterity)。総合ディレクターはパリ、ピカソ美術館館長のジャン・クレールであり、イタリア以外からはじめてディレクターを選出するという試みにも、ビエンナーレ当局の一〇〇周年に対する意気込みが感じられた。伊東の企画はジャン・クレールの提出したテーマに対するレスポンスでもある。伊東は、河口洋一郎、崔在銀《チェ・ジェウン》、千住博、日比野克彦の四人を作家として指名し、空間構成作家として僕が指名された。

　コンペ方式も話題を集めたが、より話題となったのは、国立近代美術館の本江邦夫の批判に端を発した普遍論争[58]である。本江は伊東の「数寄」案は、いたずらに日本的なものを強調するだけで、美術に不可欠な普遍性に対する思考が欠如している、と新聞紙上で批判した[59]。日本画家の千住博が指名されていることに対しても、「普遍派」は厳しく批判した。かつて確かに横山大観がビエンナーレに出展されたことはあったが(日本の第一回参加の一九五二年)、いまさら日本画のような「普遍性の欠如」した絵画をビエンナーレのようなインターナショナルな場に出展することは、きわめて時代錯誤的であるというわけである。それに対して、高階秀爾は伊東弁護の論を寄せた[60]。高階は「英語が自由に話せるなら、和服を着て洋行しろ」という岡倉天心の言葉を引き、伊東の案は「和服」を通して普遍的な場とコミュニケーションを図ろうとするものであるとしたのである。作家の李禹煥《リー・ウファン》もこの論争に参加した[61]。今まで普遍的とされてきたものが実は西欧的なるものであったことを批判することこそが、今日の美術に一番必要ではないか、というのが李の指摘である。

　このように、論争はきわめて賑やかな様相を呈したが、この論争の構図事態は決して新しいものとはいえない。簡単にいえば、本江たち「普遍派」サイドは、「数寄」のコンセプトは単なるオリエンタリズム[62]にすぎないと批判しているわけである。オリエンタリズムとは西洋サイドのコンセプトによって歪曲、捏造された東洋的表現のことであり、コロニアリズムという概念に近い。一方、「数寄」サイドは、「数寄」のコンセプトの中にオリエンタリズムを超えた真の他者性の表現を見つけ出し、そこに西欧への迎合ではなく西欧への批判を見出そうとするのである。すなわち「数寄」のコンセプトの中にポストコロニアルなものの可能性を見出して、それを擁護したのである。

図 50　ヴェニス・ビエンナーレ日本館(設計：吉阪隆正 1955).

　この対立の構図は、アートの世界に限られたものではない。建築においても他の文化領域においてもわれわれは幾度となくこの対立の構図に遭遇している。たとえば「伝統論争」という形式を通じて。振り返ればこの同じヴェニスの地で、一九五五年、一人の建築家が苦悩していた。彼の名は吉阪隆正。今日のヴェニス・ビエンナーレ日本館(一九五六年竣工)(図50)の設計者である。一九五二年にル・コルビュジエのアトリエ勤務をおえて日本に帰国した吉阪は、インターナショナル・スタイルと地域主義のはざまに、きわめて独創的な作品を作り続け、象設計集団へと続く、一群の「地域主義派」の教祖となっていくのであった。

その吉阪に対してビエンナーレ当局は「日本的な建築デザイン」を要求したのである。しかし彼は瓦の屋根を上にのせたような「表層的な日本的デザイン」(吉阪の言葉)を採用することを、断固拒否した。最終的にはビエンナーレ当局が折れ、茶庭にヒントを得た独創的ランドスケープの上にコルビュジエ流のインターナショナル・スタイルのコンクリート・ボックスをのせた彼の案が通るのだが、その案よりもむしろその案によせた彼のコメントが興味深い。自分は思想の本質で批判されたならば受け入れるが、何語で思想を語れといわれても、しゃべれない言葉はしゃべれないというのである。そしてビエンナーレ当局が彼に求めた「日本的デザイン」は、自分にとってはしゃべれない言葉だったというのである。

このコメントは吉阪の個性をしめしている以上に、日本が通過してきたあるひとつの時代の精神の特徴を見事に体現している。その精神とはすなわち、戦後民主主義の精神である。戦後民主主義は決して「普遍的」な表現を人々に要請したわけではない。氏や育ちから表現形式は自由であるべきであり、表現形式において普遍や特殊を求めることに、そもそも意味がないと、戦後民主主義は考えた。表現形式(吉阪はそれを「表層」と呼んだ)よりもはるかに大事な「思想」というものがその表層の背後にあって、その部分こそが重要であると考えたのである。

このような考え方が支配的でありえたのは、この時代の日本が実質的にはひとつの鎖国的状態にあったからである。冷戦構造の内側で、対外的な関係はすべてアメリカによって代行され、日本は「他者」との接触、交渉をすべて免除されていた。そのような鎖国的状態において、「しゃべれない言葉はしゃべれない」というスタンスが可能だったのである。その状況の中にあって、ヴェニス・ビエンナーレにおける吉阪のように、「他者」との直接的な接触を強制され、「普遍」か「特殊」かの選択を迫られるようなケースはむしろ例外であった。それゆえ吉阪はいつになく苦悩し、「普遍」か「特殊」かという問いには答えることができず、自分は自分の知っている言葉しかしゃべれないという、ある意味きわめて幼稚な解答を出すしかなかったのである。その自分の「しゃべれる言葉」を客観的に分析したり、ある座標の中に位置づけることが彼にはできなかった。それは彼の限界ではなく、時代の限界だった。言葉の「裏側」にあるはずの「思想」のことだけを考えていればよい時代だったのである。言葉そのものが思想だということには、気がつく必要がなかったのである。

冷戦構造の崩壊に伴って「普遍性と特殊性」の問題が、あらゆる領域における中心的な課題として登場した。この議論の登場は、きわめて健全な現象である。異民族とも日常的に接し、「他者」が大きなテーマであり続けたヨーロッパ世界において、この議論は絶えず哲学の中心に位置し続けていた。「他者」と向きあい、「他者」と接触していかざるを得ない立場に追いこまれた人々が、「普遍性と特殊性」の問題について考え、議論するのは、きわめて自然な反応である。

日本においても九〇年代以降、あらゆる議論はこの「普遍性と特殊性」の議論の変奏の形をとった。日本の政治において「普遍派」はしばしば軍備を持った「普通の国」になることを主張し、経済において、「普遍派」は非関税障壁の撤廃や規制緩和を主張し、アメリカ流のグローバリズムを無批判に礼賛する。一方日本における「特殊派」はしばしば既成の利権にしがみついた、合理的な思考能力のない守旧派であった。ビエンナーレにおける「日本画批判」は、そのような「普遍派」と「特殊派」とのかみ合わない論争の反復であった。双方の当事者達にはこの古びた構図を超えようという意図があったが、マスコミはこの構図を使ってしか、ここで繰りひろげられた生々しい対立を説明しようがなかった。

しかし、本当に「普遍」というものが存在するのだろうか。「普遍」とは本当に普遍的なものなのだろうか。そして「特殊」とは本当にどこかに確かな形で存在するのだろうか。一連の「普遍派」「特殊派」の言説の中には残念ながらこの質問と不安に対する解答はない。「普遍」の普遍性について、「特殊」の特殊性についての懐疑がない。普遍と特殊とが問題となるやいなや、人々は結論だけを熱く連呼し、対立は劇画的様相を帯びる。

それに対し蓮實重彦は普遍か特殊かという二者択一的議論には意味がないとする。(63)その部分に異論はない。しかし、その上でのべられる蓮實の結論は、あまりに文学的である。

その意味で、文学には二種類の作品しか存在しないのだと断言することができる。自分にとってのみ特殊なものと思われる体験を、あらゆる人に向かって開かれた言葉に置き換えようとする一般的な作品と、到底言葉にはなりがたい独特な体験を難儀しながら言葉にすることで、あえて世界を開こうとする普遍的な作品とが存在するだけなのである。

「普遍」をこのように定義することで、「普遍」は再び議論と批判の及ばない聖域へと、巧妙に隠蔽されていく。一方「普遍性」と「特殊性」に対して、最も激しく、しかも最も具体的な議論が闘わされてきた領域のひとつが、建築という領域であった。ここには「普遍性」を神秘化せずに議論する空気があった。なぜなら表現形式はその背後の思想の重みと比較して、無視するに値するという言い逃れが、この領域では通用しないからである。建築の領域において、表現形式と背後の思想とを切り離して考えることは、単なる幼稚な妄想に等しい。古典主義、ゴシック、バロック、インターナショナル・スタイル、和風などの表現形式の背後に思想があるわけではなく、表現形式自身が思想であり、表現形式の選択自体が「普遍か特殊か」という問いに対して解答を与えることであった。アートや文学にはまだ、「表現形式の背後に思想がある」という妄想を許容する余地がある。

しかも、建築はページをひらいた人にのみ出現するような閉鎖的、選択的なメディアではなく、誰に対しても等しく出現する公共的、強制的なメディアであった。そのような公共的メディアにおいては当然、表現形式の普遍性が大きな課題となった。普遍的な言葉で語りかけてくれない建築が広場にたっていたなら、その前を歩くと言葉が聞きとれず、不快になるかもしれないのである。

その結果、建築では表現形式の「普遍性」が逃れようがないほど具体的に、即物的に議論されてきた。たとえばギリシャ、ローマ建築の延長線上にある古典主義建築と、中世ヨーロッパに起源を持つゴシック建築と、どちらがより普遍的な様式かについて、一九世紀のイギリスでは激しい議論が闘わされた。あるいは二〇世紀の初頭には、それまで最も普遍的な様式とされていた古典主義建築の普遍性が批判され、より普遍的でニュートラルな様式としてのインターナショナル・スタイルが提案された。さらに二〇世紀後半には、そのインターナショナル・スタイルの普遍性自体にひそむ欺瞞や抑圧性が批判されるのである。そのムーブメントがポストモダニズムと呼ばれた。「普遍」とはこのように具体的、即物的に議論されるべき事象であった。そして絶えず批判され、更新されるべきものであった。

問題を整理してヴェニスに戻ろう。問題とされたのは西欧でも日本でもなく近代(モダン)そのものである。西欧の文化的伝統の延長として成立した近代という制度である。近代から排除されたすべての場所の中に、オリエンタリズムと同型の問題が存在する。西欧の内側にも非近代は様々なかたちで存在し、そこにもオリエンタリズムは巣くっている。女性が近代という制度の中でいかに排除され続けてきたかを批評するフェミニズムの問題提起しかりであり、レズビアンやゲイの問題も差別に関わっている。それらはすべてオリエンタリズムが提起した問題の射程の内側にあり、近代(西欧)に対するすべての批評行為の中にオリエンタリズムの問題は内蔵されている。その批評行為が近代を脅かし得る力を持つか、逆に批評というスタイルを借りた、近代への迎合(オリエンタリズム)にすぎないのではないかという微妙な一点をめぐって論争が繰り返され、表現活動が集中したわけである。

その一例が今回の「数寄」をめぐる普遍論争だった。もちろんのこと、具体的な作品や空間を目の前にしないで、それ以上論争を続けても意味がないことは両方の陣営にとっても明白であった。さらに論争のただ中で徐々に僕の中で明らかになってきたのは、普遍論争という形式自体がすでに過去のものになりつつあるのではないかという実感であった。すなわち、固有な表現を採るべきか、あるいは普遍的な表現を採るべきかという設問自体が、すでに効力を失いつつあるという感覚である。その感覚はヴェニス・ビエンナーレに出展された多くの作品群と接することによっていよいよ確かなものとなった。

普遍論争とは、日本の一九九五年に固有の事件ではない。むしろ二〇世紀後半のアートにおける最大のアポリアが、たまたま日本の一九九五年という特別な日時と共振して、今回ジャーナリズムを賑わせたにすぎない。時空を少し広げて論ずるなら、抽象表現主義からミニマリズムへという流れの中で、アートにおける普遍的表現(モダニズム)がひとつのピーク(あるいは限界)を迎えたことと並行して、非近代の問題が様々なかたちをとって二〇世紀後半のアートの表面に浮上してきた。非近代を浮上させることで、アートという制度は延命することができたとも考えられる。

大別するならば非近代は二つの流れを形成してきた。ひとつは先進国内部の非近代(近代から排除されたもの)をテーマとするもの。ポップ・アート、ジャンク・アートにはじまり、フェミニズム、同性愛、障害者、エイズなどを扱かった社会性の強いアート群は、この系列に属する。

もうひとつの系列は、非近代の最大の宝庫ともいえる発展途上国の文化を取り扱ったアート群である。マルチ・カルチャリズムとも呼ばれるこの系列もまた、近年のアート界における一大ムーブメントを形成している。ポンピドー・センターで開催され、この展覧会の全体が白人中心主義すなわちコロニアリズムを脱却しているか否かという賛否両論を巻き起こした一九八九年の「大地の魔術師たち展」以降、マルチ・カルチャリズムは現代アートのひとつの核を形成するムーブメントとなった。PC(ポリティカル・コレクトネス)[64]もまた、非近代をテーマとする表現に他ならない。フェミニズムやレズビアンをテーマとするものは、先進国型のPCであり、マルチ・カルチャリズムは発展途上国型のPCなのである。これら一群のPCと「普遍派」との間に繰り広げられてきた論争が、他ならぬ普遍論争なのである。普遍派は非近代派をあるときはオリエンタリズムという名で非難し、また、あるときはコロニアリズムという名で批評した。すなわち非近代派とは裏を返せば、近代(西欧)への迎合者ではないかという批評である。一方、非近代派は普遍派を近代(モダン)に対して何の反省もない、西欧中心主義者と批評してきたわけである。

今回のビエンナーレで最も印象深かったのは、この対立の構図自体が、色褪せて見えたことである。ヴェニス・ビエンナーレは様々な受賞制度を導入している点が、サンパウロ・ビエンナーレ、ドクメンタなど他の国際展とは異なる個性となっているが、今回の受賞者、受賞国の顔触れを見てみると、まず目につくのは普遍派の低調であった。絵画部門の大賞を受賞したロンドン在住のロナルド・キタイは、普遍(モダン)の系列に属すると考えられてきたアーティストであるが、今回発表された受賞理由がなかなか興味深い。「モダンの中にヨーロッパ絵画の伝統が存在していることを再発見した」というのである。すなわち普遍(モダン)もまた、ヨーロッパという一地域の特殊な表現にすぎないことを再発見したというわけである。審査員は普遍派に賞を与えたようにみせかけて、実は巧妙に普遍主義批判を行った。

では、非近代すなわちPCが優勢だったかというと必ずしもそうではない。先述した先進国型PCのヴォリュームもヴォルテージも、明らかに前回、前々回のビエンナーレと比較して低下していた。性器、死体、廃棄物などの表現の洪水が話題になった前回のビエンナーレと比べると、会場はやけに静かで、きれいであった。(65) この系列の作品では、五二〇トンにも及ぶ自動車のスクラップをひとかたまりの立体として会場の中心に設置したフランス館のセザールによる作品がその圧倒的ヴォリュームと幾何学的な単純さで人々の目を引きつけた。セザールは参加作家中でも屈指のビッグネームであり、彼が何らかの賞を獲得するのは間違いないという風評もたっていたが、蓋をあけてみれば無冠。彼が六〇年代にスクラップによる作品を制作したときのインパクトは、いかに作品を巨大化しようと取り戻しようがなかったのである。

これは単にセザールという一個人の問題ではない。産業廃棄物からエイズにいたるまでの先進国型PC(すなわち先進国において近代から排除され、廃棄されたものの表現)に人々は一様に食傷しはじめているのである。なぜなら、先進国の現状自体が、先進国型PCの表現をすでに凌駕してしまったからである。この年の阪神・淡路大震災や地下鉄サリン事件は、その典型的な現れであった。セザールの廃棄物など、大震災のガレキに比較したなら、子どもだましのおもちゃにしか見えない。

図 51　布谷ビル(設計：ピーター・アイゼンマン 1992). ディコンストラクティビズムの典型的建築.

先進国型PCは、かつては問題のありかを示し、その問題の深刻さや悲惨さに目を向けさせる役割を担っていた。しかし、すでに問題のありかは誰の目にも明らかであるし、深刻さや悲惨さに関していえば、現実がアートをはるかに追い越してしまった。阪神・淡路大震災後の垂直を喪失した風景が、破壊や無秩序をテーマとするディコンストラクティビズムの建築(図51)を完全に駆逐したように、一九九五年の現実は先進国型PCを無効化したのである。

発展途上国型PCも今回のビエンナーレにおいては、決して活気があったわけではない。[66]グランプリはエジプト館に与えられ、個人賞においてもマルチ・カルチャリズム系の作家(たとえば日本の千住博、韓国のジョン・スー・チョン、ウルグアイのイグナチオ・イトゥーリア)の受賞の多さが目を引いたが、内容的に見れば、マルチ・カルチャリズムが前回ほどのパワーを持っていたわけではない。発展途上国型PCにおいても先進国型PCと同様の状況が、そのパワーをそいでいた。

近代の非近代に対する優位が明らかであった時代には、近代から排除されたものの存在を提示し、表現するという行為に批評性があり、刺激的でもあった。先進国型PCも発展途上国型PCも、近代の優位を大前提としていたのである。きわめて具体的なたとえを用いるならば、安全で豊かな先進国の人々は、マルチ・カルチャリズムのアートを購入し、自分の暖かくて快適な部屋に飾るだけの余裕があったということなのである。その平和と安定を大前提にして、そのアートがオリエンタリズムに堕しているか(すなわち近代への迎合か)、それとも近代への批評たり得ているかという議論(普遍論争)が熱く闘わされていたわけである。

ところが、今や暖かく快適な部屋などどこにもない。一九九五年の様々な事件が、その事実をわれわれにつきつけた。[67]他者を排除している力も余裕もないほど、近代そのものが揺らぎ，崩壊しはじめているのである。先進国型ＰＣが表現のテーマとしていた「内なる他者」は内側から近代をゆさぶっているし，マルチ・カルチャリズムがテーマとしていた「外部の他者」と近代を構成する諸システムとはすでに充分すぎるほどリミックスされ，相互にセキュリティーをかけあい，どちらが「他者」であるかを判別することすら無効である。セキュリティーの空隙をぬって，他者は突然テロリスティックに出現する。

この現実の中においても，人々がまだアートに対して求めているものがあるとしたなら，それは空間と映像しかないのではないか。そんな直感に基づいてヴェニス・ビエンナーレ日本館の空間構成を行った。アレゴリカルな手法を用いて問題のありかを示し，その悲惨さを明示するという方法論はすでに有効性を失いつつある。問題も悲惨さもすでに明白である。具体的にこの目の前にある切実な問題を解決し，癒し，救い出してくれることを誰もが切望している。阪神・淡路大震災の被害者ののぞみは「家をよこせ，テレビを見せろ」であったとしばしば語られる。暖かく快適な部屋が失われたとき，ＰＣアートを壁にかけたいと願う人間などどこにもいないのである。まず，直接的に空間を再構築したいと願い（「家をよこせ」），情報をオンタイムの映像として具体的な形で獲得したい（「テレビを見せろ」）とのぞんだ。

九五年のビエンナーレで，僕の目にとまったのは，空間的（建築的）であるか，映像的であるか、いずれかの作品であった。すなわち、「家をよこせ、テレビを見せろ」という叫びに答えうるアートだけであった。

彫刻部門の大賞には、ゲーリー・ヒルによる映像作品が、ビデオ・アートとしてはじめて選ばれた。彫刻の大賞はビデオであった。ヒルはスクリーンの全面に、金属で作られた迷路を設置し、空間と映像(家とテレビ)という二つのテーマが統合されていた。

アートは転換を余儀なくされている。一九九五年のヴェニス・ビエンナーレは、その転換を静かに、そして確実に訴えた。単にアートの内側で転換が行われているわけではない。建築と映像というアートの外側にあったはずの世界にバトンを渡しながら、転換が行われているのである。すでにバトンはわれわれの手に渡っているのかもしれない。暖かくて快適な部屋などどこにもない中を、アートと建築という分担さえ捨てて、われわれは走りはじめている。

7　少女と行者／ヴェニス・ビエンナーレ2000

二〇〇〇年六月。ヴェニスはだるくて憂鬱だった。わざわざ暑いヴェニスを訪れたのは、二年に一度開催されるヴェニス・ビエンナーレ建築展に招待され、出展したからである。ビエンナーレといえば明るいお祭り騒ぎのはずなのに、そのお祭りの中を歩き、出展された作品群とひとつひとつ向かいあっているうちに、建築というジャンルに対する危機感がつのった。建築は社会から必要とされているのか、いないのか。いるとしたら、どのような形で必要とされているのか。

二〇〇〇年のビエンナーレの総合ディレクターはイタリアの建築家マクシミリアーノ・フクサス。彼が定めた全体テーマは「美学から倫理へ」である。フクサス自身は必ずしも社会派とはいえないが、そのテーマは建築界の自省的空気を反映した「社会派」の臭いがした。「建築家はもっと社会性を持たなければいけない。形の遊び(それを彼は美学と呼んだ)にうつつをぬかしていると、建築はいらない！　公共建築は税金の無駄遣いだといわれて社会から葬り去られるだろう」というのがフクサスの忠告なわけである。

もちろん、この忠告は決して新しいものではない。ここ数年のヴェニス・ビエンナーレはお祭りムードが薄れ、社会性に対する意識が強まる気配がある。その「社会性」ブームを象徴する出来事が一九九六年のビエンナーレ建築展における日本館の金獅子賞受賞であろう。磯崎新コミッショナーのもとに、阪神・淡路大震災のガレキの実物を展示した日本館は、見事に大賞(金獅子賞)を射止めた。社会性をテーマに、どんなに真摯なプロジェクトを提出したところで、何千人もの人が死んだ大災害の本物のガレキの山を展示されてしまったならば、勝ち目はなかった。磯崎は何かを提案したわけでも絵を描いたわけでもない。ただ本物のガレキを運び、積んだ。彼はいわば禁じ手を使ったのである。

その究極のガレキの後で、この二〇〇〇年にどんな形で社会性を訴えたらよいのか。おそらく、招待された建築家の全員が大いに悩んだはずである。フクサス本人は、二八〇メートルの長さの大スクリーンを使って、世界の様々な都市問題をテーマにした映像を繰り広げた。投入したエネルギーは莫大だったが、評価はいまいちであった。「問題があるのは、とっくにわかっている。それでどうすればいいのか」。映像を見せられれば見せられるほど、白けた気分になるのである。

一方、社会性をテーマに、低所得者用のハウジングや環境共生住宅などの具体的プロジェクトを展示した国も多かった。しかし、これらの評価も低かった。社会性を売りにしてまで、仕事をとろうとするゼネコンのパンフレットのようであった。

その営業的な臭いのいやらしさに鋭く気づいたのはさすがにフランスで、展示は白い壁に書かれた社会学者のメッセージだけ。確かにゼネコン的ではないが、文字だけの展示のどこが建築展なのかという批判にさらされた。

このすっきりとしない状況の中で日本がからんだ二つの展示だけは、その異色さで目をひいた。ひとつは「少女都市」をテーマにした日本館。小池一子のプロデュースのもと、建築家の妹島和世、西沢立衛、アーティストのできやよい、ファッション・デザイナーの津村耕佑、写真家のヘレン・ヴァン・ミーンらは、いたいけな少女の感性で日本館をうめつくした。単純な展示から伝わるメッセージはきわめてわかりやすい。「社会性なんてなんのこと？　難しすぎてわかんない」。社会性という難問の前でもだえ苦しむオヤジは、見事に笑いとばされた。

もうひとつの異色展示は個人参加の磯崎の行った、どぎもを抜くパフォーマンスである。彼はインドの高名なヨガの行者を招いて、不思議なパフォーマンスを行った。磯崎がインドに計画中の建物の模型を中心に行者達は、ただのうさぎ跳びとしか思えない奇妙な空中浮遊を行いながら、ぐるぐると会場をまわり続けたのである。これにもまた二の句がつげなかった。「社会性のある建築」という地上的な難問の前で悩むオヤジは、彼岸的パフォーマンスの前で言葉を失うしかないのである。

「社会性のある建築」というのが、そもそも矛盾した概念ではないか。この二つの展示は暗黙のうちに、しかも痛烈にテーマ自身を批判したのである。建築は本質的に環境破壊であり、資源の無駄遣いであり、社会性の対極にあるのではないかというニヒリスティックなメッセージが、少女と行者の中には込められている。そのメッセージは共感を集めるだろう。なぜなら「社会性のある建築」という矛盾に満ちたフレーズを用いて、建築を延命させようとする試みは、ひどくうそっぽいものに感じられるからである。それこそゼネコン的な営業行為に感じられる。それゆえヴェニスでも社会性というテーマのもとで、建築家達はもだえ苦しんだ。それを少女と行者はせせら笑う。

少女も行者も社会から距離を置く名人である。日本には、社会から距離を置き、その子細に巻きこまれぬための技術が、数多く用意されていた。少女と行者はその現代版である。

個人参加の僕はただ、ひとつの、小さな木造建築の模型を展示した。本物の木で作った模型である。ガレキを並べるのでもなく、少女や行者のように、問題をすり抜ける手も使わず、具体的な解答の可能性に、今だからこそかけてみたいと思ったのである。

Ⅲ　ブランド、ヴァーチャリティー、エンクロージャー

1　公・ブランド・私

東京の建築家は苦境にある。「建築がこんなにブームなのに、どうして苦境なの……」。すぐそんな質問が飛んできそうではある。確かに一般誌がこれほど建築を特集する時代はかつてなかった。趣味雑誌から若者向きのカフェ雑誌にいたるまで揃いも揃って「建築」「住宅」「建築家」の特集に明け暮れる。それでも僕の基本的な認識は変わらない。建築家は苦境であり、これからもっと厳しいことになる。単に景気がもっと悪くなるという単純な話ではない。ブームにもかかわらず苦境。実はブームだからこその苦境。それがこの苦境の正体であり、この苦境が本物の苦境たるゆえんである。このパラドキシカルな仕組みを解き明かすことは、建築家の将来を占うだけではなく、日本の都市の将来を占うことにもつながる。なぜならこの苦境は、都市は誰が作るかという「主体」の問題とも、大きく関わっているからである。誰が作るか、どう作るのか。

この苦境は今にはじまったことではない。一九九〇年代初頭のバブル崩壊と同時にはじまったわけでもない。そこがまず重要な点である。八〇年代の通称バブルの時代も、建築はブームであった。今と同じように、一般誌は建築、建築と連呼した。しかも今と違ってある意味では健全なブームである。景気がよくて、新奇なデザインの建築が次々に建ち、それをメディアが追随するという意味での健全さである。まずにぎやかな現実があって、それをメディアが追随した。

しかし、このはなやかな輝かしい時代から、すでに建築家の苦境は始まっていた。にぎやかに泡立つ表面からは見えない、流れの奥深い所での、建築家の苦境、挫折。それを象徴するひとつの建築がある。大きな時代の転換を象徴するというわりにはあまりに静かで地味な外観をした小さな建築。一九七六年に安藤忠雄が大阪の下町に設計した「住吉の長屋」と呼ばれる住宅である。

この建築のどこが建築家の苦境、挫折を象徴しているのだろうか。一言で要約すればこの建築は「公」の時代から「私」の時代への転換を象徴している。単に用途が個人住宅だから、この建築が「私」の時代を象徴しているわけではない。それまでも、建築家はいくらでも個人住宅を設計していたし、個人住宅は若い建築家にとって唯一ともいえるほどに大事な活動の領域であった。それでもこの「住吉の長屋」は当時まだ建築学科の学生であった僕には、それまでの住宅とは全く別の種類のものに見えた。なぜだろうか。

まずこの建築が正規の建築教育を受けていない、ボクサーの体験を持つ独学の建築家によって設計されたという事実。誰が作るかということが、作品の質と直接関係がないことはいうまでもない。しかし誰が作家かによって、作品が社会へ与えるインパクトは全く異なる。この作品は当初から「アンドーという元ボクサーが作った」ということが知られ、さらに安藤自身この建築を都市や社会に反抗するゲリラとして作ったと説明した。それらのストーリーがこの作品の「私」性を何倍も増幅したことは間違いがない。

それまでのスター建築家は、わかりやすくいえば公的なエリートであった。有名大学の正規の建築教育を受けたエリートが、公的な主体(国、県、市などの行政)から依頼され、都市の中で一番目立つ公的な場所に、公的な建築(公共建築)を設計する。建築にはこのような王道が存在していた。かつてのヨーロッパにおいては、国が認定する正規の教育機関で建築を学んだエリート建築家が、国家権力に依頼されて国家を象徴する建築を作るという王道が存在した。建築は大人数に使われ、大勢の人間の眼にとまるという意味で、そもそも公的な性格を帯びている。だからこそ、その設計を許されるのは公的なシステムが保障した特権的存在だけだという理屈がその背景にはあった。安藤以前の日本を支配していたのはこの王道の二〇世紀バージョンであったといってもいい。王が官に変わっただけでその本質はかわらなかった。

安藤はこの公的システムに異議を申し立てたのである。安藤という存在自体が公や官の対極にあった。その住宅のデザインそのものも、公的なものに背を向けて、あらゆる表象(プレゼンテーション)を否定し、硬く「私」へと閉じこもっていた。道路に対して窓がない。一切の表情がない。コンクリートの壁にただ入り口があいているだけの、きわめつきな私的デザインを、彼は社会につきつけたのである。

もちろん安藤以前にも、公から私へ建築を奪いとろうとした人々は存在した。一九五〇年代の一群のモダニストの建築家達が、その先駆者であった。民主主義の新しい世の中がやってきたというフレッシュな空気の中で、彼らは七〇年代の安藤と同じく、個人住宅に目をつけた。鉄骨造の軽く明るく透明感に溢れた彼らの小住宅は、戦後という時代を象徴するモニュメントであった(図52)。しかし、彼らのムーブメントは六〇年代には急速にしぼんでいく。

図 52　SH-1(設計：広瀬鎌二 1953).

新しい技術によって、建築を「私」のもとに取り戻すというのが彼らの基本的テーゼであった。建築を工業化し、高いデザインレベルのものを安く大量に供給するという図式である。しかし残念ながら、この図式を実際に担ったのは、彼ら建築家ではなく、プレファブメーカーやゼネコンなどの大企業であった。「公」から「私」へと取り戻すつもりが、その途中に、大企業というもうひとつの新しい「公」がわりこみ、建築を「私」のもとに取り戻す試みは失敗に終わったのである。

そこに満を持して主役として登場したのが「公」のチャンピオン丹下健三であった。東京オリンピック、大阪万博などのきわめて「公」的性格の強い建築を、この「公」のチャンピオンが一手に設計した。建築を「公」から「私」へと取り戻そうとしたモダニストの民主主義的な夢は完全にかすんだ。丹下の一番弟子である磯崎新は「小住宅バンザイ」という辛辣なコラムを一九五八年に発表している。建築は徹底して公的な存在だというのが、磯崎の考え方である。小住宅を通じて世界を変えようという試みは、幻想であり、レベルの低い自己満足でしかないと磯崎は痛烈に批判した。技術力のある大企業の前に挫折していくモダニスト達の前で、丹下、磯崎と続く「公」的建築の担い手達は建築の王道を復活させた。一種の王政復古の如くであった。

その王政復古的閉塞のさなかに安藤が颯爽と登場したのである。彼が賢明だったのは「技術」を武器にしなかったことである。そのかわりに彼は安藤というブランドを作った。七〇年代のファッションの世界を、安藤は建築で再演したのである。コアとなる強固なブランド・イメージさえ確立すれば、大企業の技術力だろうが販売力だろうが目ではないということを、イッセイ・ミヤケやヨウジ・ヤマモトなどの七〇年代ブランドが実証した。七〇年代の安藤が数多くのブティックを設計したことは偶然ではない。そこで彼は消費社会のある本質を学んでしまったのである。結果、安藤は安藤というブランドを作ることに成功した。彼の建築はルイ・ヴィトンのバッグのような強烈なアイデンティティーを発散し、どんなファッション・ブランドにも負けないほどのブランド神話もたっぷりと用意されていた。そうやって安藤は建築を「公」の領域から「私」の領域へと取り戻すことに成功したのである。彼が仕掛けた「公」への一撃は、大企業というもうひとつの「公」が介入したり横取りしたりする余地もないほど見事に、ブランドという装置によってガードされていたのである。

「公」から「私」へ。八〇年代バブルの引き金となったのも、この転換そのものであった。八〇年代には金融自由化をはじめとする様々な、規制緩和、自由化が行われ、「私」はかつてない自由を手に入れた。一方、公的なコントロールにより、戦後一貫してつりあげられてきた日本の地価は、そのままの高水準にあった。その根拠のない地価水準を信用のバックにして、公的なコントロールから自由になった「私」が行った投機活動の全体がバブルの正体である。「公」から「私」への転換の困難を、日本の八〇年代バブルは見事に実証するようにして加熱し、そして崩壊した。

経済の世界でのこの不連続に比較したとき、ファッションや建築における「公」から「私」への転換はスムーズだったともいえるが、そのぶんだけ中途半端でもあった。「私」はまだ「公」にとってかわれるほどには成熟していなかったからである。「公」から認定された公的主体(建築家)の権威は失墜したかもしれないが、「公」を拝むかわりに「私」はブランドにすがり、ブランドを拝むようになったのである。「公」がブランドにとってかわり、「私」はブランドの奴隷となる。俗に大衆消費社会といわれる現象そのものが、建築を覆った。これが建築家の苦境のはじまりであった。「公」のおすみつきだけで仕事をしていた公的建築家は用済みとなった。世界ブランドになりおおせた建築家だけに仕事が集中する。安藤、ゲーリー……、各都市がこれらの世界ブランドを買いあさる。ブランドも期待通りのお約束スタイルを提供する。どこかで見たことのある風景が各都市で反復される。

グローバリゼーションの初期段階では、少数の信用あるブランドが世界を支配する。それがブランドの法則である。ブランドは時として公的建築もデザインする。「私」がブランドに熱狂し、依存するだけではなく、公的主体もまたブランドに依存せざるを得ない。時に国家までも。なぜなら建築の特権性を保障する公的システムが破綻してしまったから。

公的主体はコンペティションにも及び腰である。コンペで実験的な案を選んで冒険するよりは、実績あるブランドをひとつ選定するほうがはるかにリスクも少なく、安全だからである。コンペという方式の評判は落ちる一方で、逆に「プロポーザル」によって案ではなく人を選ぶやり方がそれ以降、全盛をきわめた。実は、選ばれているのは人ではなくブランドである。だから行政はプロポーザルを好んだ。「公」までもブランドに屈服しはじめたのである。

俗にゼロサン問題と呼ばれる、二〇〇三年をピークとする東京の再開発ラッシュにおいても、その根源にあるのは公から私へという時代の大きなうねりである。ラッシュの引き金はまたしても公的主体の変質、構造転換であった。公的主体(たとえばＪＲ、防衛庁……)が構造転換を余儀なくされ、そこで放出された都心の大規模な敷地が、ディベロップメントのトリガーとなる。要するにサプライサイドのお家の事情から話ははじまったわけである。テナント、ユーザー、ビジターなどのデマンドサイドには都心居住、オフィスのＩＴ化、外食化などの新しいお家の事情があるにはあるが、そのニーズがどこまで切実かは竣工のあとで結果がでる。

あとは、資金さえ調達できればディベロップメントはスタートする。資金調達の領域において、公から私への転換は最もスムーズできわだっていた。ＰＦＩ(Private Finance Initiative 民間資金等の活用による公共施設の建設・整備)、ＳＰＣ(Special Purpose Company 資産証券化のための特別目的会社)、債権化、ノン・リコース・ローン等、新たなテクノロジーによって、大小様々な私的主体からの資金を、ひとつのビッグプロジェクトに結集することが可能となった。公的主体の構造転換と資金調達手法の自由化との絶妙な遭遇。

かくして東京のクレーン群の乱立が生まれた。公から私への転換のひとつの特異点にわれわれは生きているのである。そしてその特異点の産物である巨大なヴォリューム。そのデザインを行う主体は、いまだになぜかブランドである。有名ブランド建築家が「お約束」のデザインを反復する。なぜまだブランドなのか。

プロジェクトの巨大さが、またしても意味を持つ。巨大であることによってプロジェクト自身が公的性格を帯びる。一方資金調達は自由化が進み、「私」化が進んだ。このギャップを埋めるためにブランドが必要とされるのである。数多くの「私」を納得させるための最も安易な方法は、すでに社会的信用を確立したデザイン、すなわちブランドを反復することである。不動産会社、銀行、生保……、プロジェクトが大きくなればなるほど、多くの企業グループがプロジェクトに参加する。参加する主体の数がふえればふえるほど、既知のブランドの反復でしかコンセンサスは得られない。当のブランドのほうとしても、大衆が期待する「お約束」をたがえるわけにはいかない。しかも、多くの仕事が世界じゅうから集中すれば、個人の発想力には限界があって、いかにクリエイティブなブランド建築家でもかつての自分のデザインの反復という安易な方法に傾斜する。建築から創造性が消えていく。特にその場所、その場所の微妙で多様な条件をリスペクトしながら、ひとつずつユニークな解答を出していくようなねばり強いクリエイティビティーは消滅していく。建築とは本来がブランドの反復ではなく、個別で一回限りの解答の積み重ねだったはずである。それが建築と商品との差異であったはずである。これが、今日の建築家をめぐる第二の危機である。建築のブランド化のはてに、建築という存在自体に社会が幻滅する日が待っていないとも限らないのである。

しかし、最大の危機はブランディングの、さらにその先にある。それぞれの「私」は、ブランド建築から、すでに覚めているのである。都市再生の大プロジェクトの資金調達に悪戦苦闘する企業人達は、いまだにブランドに依存する。しかし、プロジェクトという公的な現場とは縁のない等身大の「私」達は既成のブランドに頼らずに、自分の建築を、自分で考え、自分自身の手でデザインしたいと思いはじめているのである。

手軽なところ、身近にある小さな建築からこの波は起こっている。自分の家は自分でデザインして、自分で作りたいと「私」が思うのはきわめて自然だからである。「私」化がいきつくところは、そこしかない。世界から閉じた「私」の城を作るという形でスタートした「私」化の大きな流れは、いつかこの地点、すなわち設計主体の「私」化というところにたどりつく運命にあった。一般誌における建築ブームの根底にあるのは、この願望である。建築ブームゆえの建築家の危機とはその意味である。これら一般誌の建築特集に登場する建築家達は揃いも揃って、いかに自分が専制的な独裁者ではなく、人畜無害の羊のようなコラボレーターであるかを強調する。デザインは、建築家一人でやるものではなく、住み手と建築家との共同作業(コラボレーション)の産物であると言わない限り、仕事は依頼されない。時にはコラボレーターどころではなく、助手でもなんでもやりますとまで言わなければならない。設計事務所の名称にも、個人名を冠するものはやはりやらない。独裁者を連想させるからである。仲良しグループを連想させるほのぼのした名前でないと仕事の信頼はない。この手のグループ名を看板にする設計事務所はユニット派といわれる。

この傾向は住宅にとどまらない。店舗デザインを建築家やインテリア・デザイナーに頼もうという人もまれである。オーナーのテイストで作った素人臭い素朴で完成度の低いインテリアが客からも喜ばれる。規模の大きな公共建築においても、同じように建築家は脇役にまわりつつある。まずは市民参加のワークショップの世話役を務め、市民がどんな建築を作りたいかというニーズをしっかりと聞き出さなければならない。そのやりとりを繰り返し、収束の方向が見えてはじめて専門的な図面作業がスタートする。

確かに、特権的な計画者とは呼びようもない。しかし、はたしてこれを建築家の危機と呼ぶべきだろうか。確かに建築家は主役の座からすべり落ちた。しかし世の中が建築に関心を失ったわけではない。誰もが建築に強い興味を持ち、多くの人が空間に対して高い知識とセンスを持つ社会がやってきたのである。建築の成熟といってもいいだろう。そしてこの成熟は決して新しい状況とも言い難い。第二次大戦以前の日本では、木造住宅という領域の限定はあったにしろ、同様な成熟した建築文化が存在した。大工という名の、謙虚でしかもすぐれた専門知識を持つ建築家が建て主をサポートしながら、上質の建築をデザインし、建設していた。コンクリートの大規模建築の到来以前にはそのような成熟した建築文化があった。しかもそこでは見事に「私」が主役の座をしめていたのである。

現代の状況を、この建築文化の数十年振りのリカバリーと捉えることも可能であろう。まだ小住宅や店舗という限られた領域の中とはいえ、「私」の方法で作られた繊細な建築が少しずつ回復しつつある。残された課題は、この「私」という建築手法を、大きな計画、大きな建築にまで拡張できるかである。

巨大なものは、依然ブランディングという手法に支配されている。そこには依然として大きな断絶があり、いくつもの高いハードルが残されている。しかし「私」という地道で着実な方法を鍛え、一歩ずつ広い領域へとひろげていく以外に、この都市という「公」を再生させる道はない。「公」から「私」へという時代の大きな転換点の中で、「公」「私」の矛盾をすべておしつけられ、決定的に犠牲にされてきた都市という暗部を、そのようにして少しずつ明るくはできないだろうか。

2　風俗住宅

フランスの社会学者ピエール・ブルデューによれば、高等教育とは、挫折したエリートを救済するための、社会的装置である。すなわちエリートだから高等教育を受けるのではなく、社会的競争から脱落したエリート達に、プライドと満足感を与えるために、高等教育は存在するのだというわけである。

全く同じ理屈で、住宅とは、挫折した建築家を救済するための、社会的装置である。すべての建築家が、社会の中心的建設を設計するチャンスにありつけるわけではない。ボザールに代表される制度的建築教育が機能していたときには、そのような救済は必要なかった。制度的教育を受けたものは、国家から建築家の資格を与えられ、量の多少はあるにしろ、設計の仕事を保障されたのである。建築家の挫折とは、例外的事象であった。

二〇世紀に、このシステムは崩壊する。制度的教育システムは消滅し、国家は、いかなる保障をも与えることはなくなった。「公」の保障システムは消滅したのである。当然、多くの、いや、ほとんどの建築家は挫折せざるを得なかった。そして、建築家とは、そもそもはげしく挫折する運命にあるのだともいえる。なぜなら、建築設計の能力とは、一種の誇大妄想だからである。自分を創造主だと仮託するほどの誇大妄想が、建築家には必要とされた。言い換えれば、徹底して自分を「公」的存在だと思い込める能力が、建築家には必要とされた。そのような自信と構想力を持つ建築家が有能な建築家であり、建築教育とは、そのような誇大妄想を養成するための教育システムだったのである。

にもかかわらず、ほとんどの建築家は、教育で身に着けたその誇大妄想を、実際の社会において実用に供することができない。ゆえに、彼らは、はげしく、ドラスティックに挫折するのである。建築家とは挫折を運命付けられた職能なのである。

その挫折から、彼らを救済するために、個人住宅の設計という仕事が創り出されたのだと見なすこともできる。個人住宅の設計とは、きわめて社会的意味の大きい、貴い仕事だと、彼ら挫折した建築家は考えるようになる。彼らが盛んに「住宅論」を書くのも、この理由からである。すべての「住宅論」は、住宅とは世の中の基本であり、建築の基本であり、住宅の設計とは、大切な仕事だという論調で貫かれている。そう書くことによって、彼らはようやくのこと、救済されるのである。単に設計しているだけでは救われず、どうしても書かねばいられないほどに、彼らの挫折の闇は深い。「住宅論」中の唯一の例外は、僕が書いた『10宅論』(68)かもしれない。住宅とは、非常に個人的な、愚かな欲望の反映であるということを示すことがあの本の目的であった。住宅とは「公」的なものではなく、徹底して「私」的なものだというのが『10宅論』の基本的思想である。

もちろん、住宅の施主という存在があってはじめて、この個人住宅の設計という救済の機会は与えられる。そして、興味深いことには、施主もまた、充分に挫折した存在なのである。彼らもまた、自分達の挫折を住宅という器の建設で、癒そうと試みる。近代の平等主義とは、挫折の生成装置でもあった。平等であり、機会が与えられたがゆえに、人は挫折するのである。挫折した人々は、「本来」の自分にふさわしい理想の住宅を建設することで、やっとのことで救済されるのである。二〇世紀のアメリカはこの救済のシステムを最も有効に活用した国家である。アメリカが第一次世界大戦後に大々的に展開した持ち家政策こそ、この救済を国家ぐるみで行うという、壮大な挑戦であった。「平等」の国、アメリカだからこそ、国家による救済が必要であった。

しかし、本当に住宅の設計は救済だったのだろうか。フリードリッヒ・エンゲルスが、その著『住宅問題』の中で、この救済についてきわめて辛辣な警告を発しているように、資本主義体制のもとにおいて、労働者階級の住宅の私有を促進しようとする試みは、資本主義と労働者の対立を曖昧にする手段でしかない。なぜなら住宅を私有したところで、自分がそこに住まなければならないとすれば、それは資本とはならないからである。住宅の私有を試みる労働者はローンの支払いに追われ、かつての農奴と同様に、土地に縛られ、労働を強制される。

さらに注目すべきことに、住宅建設の主役は、多くの場合、女性(施主の妻)である。近代の労働形態において、女性は、基本的に社会から排除され、その結果として挫折している。その挫折を癒すために、女性は家を建て、そこに彼女の「高尚で豊かな」感性を投影するわけである。女性の救済もアメリカ社会の大きな課題であった。一八四一年、家政学の創始者と呼ばれるキャサリーン・ビーチャーは『家政経済論』を出版し、住宅は、妻によってとりしきられる家族の天国であり、そのためには女性の労働のための最大限に効率的な空間でなければならないとした。二〇世紀初頭にはパース達によるコレクティブハウジングの運動が起こり、家事の共同化(厨房、洗濯場の共有)を前提とした集合住宅の建設を通じて、女性の救済がめざされた。しかしこれらのどんな救済プランも、夢のマイホームをちらつかせる挫折救済政策の前では失速していかざるを得なかったのである。それほどにマイホームは強烈な魔力を有していたのである。

大雑把な言い方をすれば、階級社会には挫折はない。自由と平等という近代の理念が挫折という現象を生成し、挫折が近代住宅の施主と設計者とを、大量に生産したのである。階級の否定を社会の目標に掲げたアメリカがこの動きをリードし続けたのは、きわめて当然な帰結ともいえる。

しかし、施主と設計者という二つの挫折は、必ずしも幸福な出会いをするというわけでもない。むしろほとんどの場合、両者の出会いは不幸な結末を迎える。両者はともに、実社会では達成不可能な自己実現を求めて家を建てるのであるが、それぞれが実現したいと望む「見果てぬ自己」が、ぴったりと一致するなどということは、本来不可能に違いない。

それに気づいた挫折者は厄介なる他者の媒介なしに、住宅を建設しようと試みるのである。建築家という媒介なしに、プレファブ住宅に代表される、一方的な設計システムを利用して家を建てようと試みる。アメリカはもちろんプレファブ工法のパイオニアであった。一方、建築家は「住宅論」を書いたり、住宅の設計を教えることに活動を限定して、施主という他者との接触を避けるようになった。この現象は、恋愛が失われつつあるという現象とも並行していた。人々は恋愛を回避し、性風俗を通じて、他者との軋轢なしに癒されようと望むのである。プレファブ住宅は性風俗に酷似している。

それを非難するのが、本論の目的ではない。二〇世紀社会を救済したのはプレファブ住宅と性風俗である。ともに他者を媒介せずに人々は救済される。少なくとも救済されたように人々は感じた。しかし、両者の間には根本的な差異があった。性風俗は取り返しがつき、持ち家は取り返しがつかないという差異である。ローンを背負いながら、多くの場合、少しも気に入らない家で一生過ごさなければならない。

しかし、事態は少しずつ変化している。恋愛が進化をとげ、性風俗に近づきつつあるのである。恋愛はかつて、取り返しがつかないもの、すなわち不可逆的な行為であった。やり直しがきかないものであった。しかし、今、恋愛をそのようにとらえる男女はいない。しかも人々は恋愛にかつてのような形での他者とのインタラクションを少しも求めてはいない。恋愛は性風俗に急接近し、感情の密度ははるかに薄まり、軽やかになっている。恋愛と性風俗の境界は曖昧になり、ぼやけつつある。

住宅もまた、恋愛が性風俗に漸近したように、軽やかになりつつある。ガラス張りの住宅を作れば、軽やかになるというものではない。かつて男女の関係が恋愛と性風俗に二分されていたように、住宅も建築家の設計する住宅とプレファブとに二分されていた。しかし、そのどちらともつかぬ軽やかなものに変わりつつあるのである。ひとつの原因は施主も建築家サイドも自己というものの確固たる輪郭を失いつつあること。そのような曖昧な自己同士では軋轢の生じようがないのである。

もうひとつの原因はリフォームという行為が一般化したことで、住宅もまた性風俗と同様に、取り返しがつくものへと転換していったことである。その時、「お相手」(建築家)に求められるのは、風俗嬢のごとき、つかず離れずの重くなりすぎない距離感である。これは決して批判でもなく、いやみでもない。住宅設計はリフォームへと漸近し、建築家は風俗産業へと漸近しつつある。それを受け入れることが、今日における良心的建築家の条件といってもいい。

3　コンクリートの時間

一言でいえば、二〇世紀の建築とは「現場打ちコンクリート造の建築」であったのではないかと、最近強く感じる。そんなことを言えばすぐさま、鉄骨造の超高層建築こそ、二〇世紀を代表する建築ではないかという反論が返ってきそうであるが、僕はそうは思わない。なぜなら、現場打ちコンクリート造の建築こそは、最も自由で普遍的な建築の形式であって、自由と普遍性を第一の目的としたこの世紀には、この形式こそが最も似つかわしかったのだと思えるのである。鉄骨造はコンクリート造より繊細で透明であったかもしれないが、自由と普遍性においては、はるかにその後塵を拝すのである。

現場打ちコンクリートの自由は、まずその造型の自由度にある。コンクリートには原則として不可能な形態はない。柱と梁からなるフレーム構造であろうと、曲面のシェルであろうと、型枠の中に液体を流し込むというきわめて原始的な操作によって、すべての形態、すべての構造形式が可能となる。これほどの自由を、かついかなる建築の工法も獲得したことはなかった。

さらに世界のいかなる地域、場所においてもコンクリートの建物は建設可能であった。ベニヤと木の切れ端を組み立てて型枠を作るほどの技術はどこにでもあったし、砂とセメントと鉄筋はどこでも入手可能であった。これほどに普遍的な建築技術は、かつて存在しなかったのである。この自由で普遍的な技術が、自由と普遍性を第一の目的とする二〇世紀という社会を制覇することは、きわめて自然な成り行きであった。ミースの唱えた可動間仕切による普遍性（ユニバーサル・スペース）など、コンクリートの技術的普遍性に比べれば、限定された技術レベルの中だけで通用するエリート主義的観念論としか見えない。しかもこの技術を用いれば、構造体から仕上げまでもが、ほかのいかなる材料や技術の力も借りずに一挙にできあがってしまうわけで、これほど万能で普遍的な建築技術はかつて存在しなかった。

このように現場打ちコンクリートの長所、二〇世紀との相性の良さを挙げていけばきりがないが、その中でも忘れてならないのは、その建築プロセスの神秘性である。ドロドロとした液体状の限りなく自由な物質が、一瞬のうちに凝固し、取り返しがつかないほどに堅固なものとして出現する。このプロセスの神秘性もまた、二〇世紀という時代と共振した。なぜなら二〇世紀は、自由というものを持て余していたからである。自由を自由のままに流し続けるゆとり、あるいはだらしなさをこの世紀は持ち合わせていなかった。この時代は自由の獲得にも熱心であったが、同時にまた、自由をひとつの形として固定化することにかけてもきわめて熱心であったのである。

個人のレベルにおいては、郊外の独立住宅という形式が、この時代の人々を強く引きつけた。なぜなら家という「形」あるものを手に入れることが幸福を保障するという信仰にも近い感情が、この時代を支配したからである。社会的レベルにおいては、モニュメンタルな公共建築という「形」が、この時代の人々を魅了した。その「形」を手に入れることが、幸福な社会の実現につながると信じられていたからである。どちらの場合も、建築という「形」を持つものを用いて、移りゆく不確かな状態を固定化し、確実なものにしようという欲求がこの時代を支配した。その意味でこの時代は「形」の時代であり、「建築」の時代でもあったのである。

その欲求に対して、コンクリートほど見事に応えてくれる材料はほかになかった。移りゆく流動的なものが、コンクリートにおいては一瞬にして形を持ち、固定化されるのである。この神秘的出現、神聖なる時間的不連続が、時代の根源的な欲求と見事に共振してしまったのである。コンクリートの時間としか呼びようのない時間構造が、時代と共振したのである。

しかし、今や、そのような固定化こそ、人々の嫌悪の対象となりつつある。自由を自由のままに楽しみ、移りゆくものを移りゆくままに享受する生活態度を、人々は獲得しつつある。そのような時代には、永遠に固定化されることのない材料、工法が求められるようになるであろう。たとえば木造の時間。同じように石積みの時間というのもあれば、レンガ積みの時間というのも存在する。木造はコンクリートのように液体状態の自由を持つこともなければ突然に強くなることもない。いつもそこそこに不自由で、そこそこに弱いのである。そのそこそこの状態のままで、だらだらと、さらさらと続くのが、木造の時間の特質である。その工法的不自由さゆえに、都市にはある一定の、スケールの統一感、形態の統一感が保持された。

そして木造にはコンクリートの打設の日のような「特別の日」というものはない。建物が完成した後ですら、建物は充分に弱く、人々は建物に手を加え続け、改修し続けた。逆に言えば、建築をつくるということ、建物が完成するということに特別の思い入れをする余地がなかったともいえる。夢を実体化し保障するような魔術的な力は、木造建築になかった。それゆえ、建築物が完成した後でも、人々はそこそこに自由であり続けることができた。

「特別な日」というのは幻想にしかすぎず、時間とは永遠にだらだらと続くものだというのが木造の時間の本質である。木造とは明るい諦めである。それは、二〇世紀の「工業化」「プレファブ」の時間とも、全く異質のものである。工業化もプレファブも、その目的は、コンクリートと同様に固定であり「形」であった。すばやく「形」に到達したいという焦りが「工業化」の時間の本質であった。

いかなる形にも固定化されようのないもの。中心も境界もなく、だらしなく、曖昧なもの……あえてそれを建築と呼ぶ必要は、もはやないだろう。形からアプローチするのではなく具体的な工法や材料からアプローチして、その「だらしない」境地に到達できないものかと、今、だらだらと夢想している。

4　ヴァーチャリティーとパラサイト

現実というひとつの確固たる世界があって、その外側にゲームという別世界が存在していると、一般的には信じられている。この仮説の是非についてはひとまずおくとして、まずはこの仮説を信じたふりをしながら、ゲームやパチンコについて論じてみよう。

別世界について論じるには、二つの視点が必要となる。ひとつは別世界を形成しているフレームについて、すなわち別世界と本世界との関係性についての視点。別世界と本世界がどのように切断され、またどのように接続されているかに関する視点である。別世界は本世界から完全に切断されているわけでもないし、また全面的に接続されていれば当然、別世界ではなくなる。切断と接続のバランス、あるいは共存にこそ着目すべきである。

もうひとつは別世界のインテリアについての視点。すなわちその世界の内部のすみごこち、あるいはのりごこちについての視点。簡単に言えば、ゲームをプレーする主体の立場に身をおいてゲームの楽しさを主観的に分析する立場であり、ゲームの現象学的分析と言い換えてもいい。この二つの視点を立体的に組み合わせることによってのみ、われわれはゲームの本質にアクセスすることが可能となる。

メディア・テクノロジーの可能性について検証する際にも、この二つの視点はきわめて有効なツールとなるだろう。メディア・テクノロジーによって、われわれのまわりに様々なヴァーチャル・ワールドが生成されつつある。現実の都市や建築を仮にリアル・ワールドと呼べば、リアル・ワールドの周囲に、あるいは内部に、驚くべき勢いでヴァーチャル・ワールドが増殖しつつある。そのヴァーチャル・ワールドのフレームとインテリア。そのスタディーのためにもゲームを勉強するのは無駄ではない。

たとえばパチンコというゲームを例にとってみよう。われわれはなぜいまだにパチンコ玉というリアルな物質を使ってパチンコをプレーするのだろうか。すでに実際の玉を使わないコンピューター・パチンコゲームが存在していて、しかもそちらのシステムに切り換えたほうが、パチンコ店サイドから見ても人件費削減、機器メンテナンスコストの削減等の点ではるかにメリットがあるにもかかわらず、なぜいまだにわれわれはリアルな物体としての玉をうつのだろうか。それはパチンコの現象学、すなわちゲームのすみごこち、のりごこちの問題に関わっている。銀色の硬く重い玉が甘美なチューリップのさけめに進入し、こじあけ、ジャラジャラという轟音とともに無数の光り輝く玉が台から溢れでてくる快感、この快感はフロイト流に言えば性的快感の代償かもしれないし、あるいは硬貨がザクザクと溢れでてくるイメージを代替するものとも解釈しえるだろう。コンピューターは、すでにこの快感を凌駕する快感を音声、映像等のマルチメディアを駆使することによって供給できる。しかしリアルなパチンコ玉によって与えられる快感には、その映像上の効果を超える何物かがあり、したがってわれわれは玉をうち続けているのである。

パチンコに代表される既成の諸ゲームは、一般的にいえば快感のリアリティーという側面において、コンピューターゲームに対して優位に立っている。ひとつの小さな画面という制約の中で、いかにして最大限の快感のリアリティーをプレーヤーに対して供給できるかが、コンピューターゲームのひとつの課題であった。

すべての情報が画面という一枚の表層に還元されてしまうという制約は当然のことながらアドバンテージではなく、ハンディキャップである。ビデオ・アーティストのナム・ジュン・パイクはビデオ・アートを例にとって映像画面が背負うハンディキャップの特質について指摘している。(69) 彼によれば通常人間の視角は二〇〇度あるにもかかわらず、テレビを眺めるときはせいぜいが四〇度であるという。しかも通常人間の眼は非常に大きな空間や時間が合成されたものを映し出しており、さらに、それらを自在に移動させる自由が与えられている。四〇度の画面でその大きな空間と時間を代替するときには、そのフレームの狭さと不自由さを意識した編集を行わなければならない。さもないと、画面の前にたたされた主体はたちまちにして退屈してしまうというわけである。

テレビもビデオ・アートもコンピューターゲームも、すべてこのハンディキャップを共有している。コンピューターゲームは映像的リアリティーにおいて前二者に対してさらなるハンディキャップを背負うことになるが、一方インタラクションにおいてアドバンテージを持つことができた。すなわち主体のアクションへの対応性によって、主体を映像画面という拘束、退屈から救出するわけである。

しかし、コンピューターゲームをもってしても、このハンディキャップを乗り越えるプロセスは、決して容易でも平坦でもなかった。コンピューターゲームはロールプレイング物、シミュレーション物、快感物の三種に大別できるが、この三種類のゲームの栄枯盛衰はそのまま、このハンディキャップ克服の方法の多様性とその進化とをさし示している。

ロールプレイング物ではゲームする主体(プレーヤー)は長大で迷宮的な物語の中を、最終的なゴールに向かって悪戦苦闘しながら進んでいく。このゲームの中に築かれるヴァーチャル・ワールドは複雑で、時に不条理でさえあるが、単一のゴールがあるという点では単純な構造を持っているともいえる。

逆にシミュレーション物にはゴールがない。現実の世界の一部が切りとられ、ゲームする主体の前におかれる。そのヴァーチャル・ワールドは現実の世界とかなりの程度相似しているし、現実の世界と同じような空間的、時間的なひろがりがあって、主体はその中でかなり自由に遊んだり、金もうけを疑似体験することができる。しかも現実の世界の中のルールや因果律は、このヴァーチャル・ワールドの中でも保持されている。その意味でこのゲームは現実のかなり正確なシミュレーションなのである。

快感物も現実の一部分のシミュレーションであることには違いがない。快感物は格闘物、ラリー物、シューティング物、セックス物等で構成される。これらのゲームの中に構築されたヴァーチャル・ワールドのフレームは非常に小さく限定されていて、そこには現実の世界のような空間的、時間的ひろがりはない。しかしそのかわりにここでは、パチンコ玉が台からジャラジャラ溢れでてくるのに匹敵するような、リアリティーのある快感を手に入れることができる。しかしこの種の快感はコンピューターゲームの創成期からゲームにそなわっていたわけではない。

「ファミコン」に代表される八ビットのハードウエア上を動いていた初期のコンピューターゲームにおいて、快感物の与えてくれる快感は、「快感慣れ」した大人には、決して満足のいくレベルのものではなかった。「ドラクエ」に代表されるロールプレイング物の爆発的ヒットは、初期快感物に対する大人達の不満のあらわれであったとみることもできる。

ここで再び本論の最初に提示した二つの視点を思い起こしてほしい。すなわちゲームを分析するに際して有効な、フレームとインテリアという二つの視点である。ゲームにはそれぞれ弱みや強みがある。快感物はインテリアの魅力で人気を集めているゲームであり、逆にロールプレイング物はフレームの設定の巧妙さで勝負しているゲームである。

フレームとは現実の世界とゲームの中のヴァーチャル・ワールドとの関係性である。コンピューターは現実の世界と切断された別世界(ヴァーチャル・ワールド)を用意し、人はその別世界の中で自由を味わうことができるという議論をよくみかけるが、事態はそれほど単純ではない。切断されていること、それが別世界であること自体に価値があるわけでも、新しさがあるわけでもない。それをいうならば、コンピューターの中に構築されるヴァーチャル・ワールドに限らずすべてのゲームというゲームは、人々に同じような自由を与えるだろう。人気のある別世界(ゲーム)は別世界であるがゆえに人気があるわけではなく、インテリアがすぐれているか、さもなくばその切断/接続のフレームの巧妙さで人気を呼ぶのである。どちらもあればそれにこしたことはないが、そのようなゲームはめったにあるわけではない。

パチンコや賭けマージャンは、珍しくそれを両立させたたぐいまれなゲームではあるが、それとてもフレームとインテリアが完全なバランスを保っているとはいいがたい。パチンコは出玉を景品や現金に交換するシステムによって現実の世界に接続し、一方賭けマージャンも現金をやりとりすることで、現実の世界に巧妙に接続されている。完全に現実の世界と切断されていたならば、これらのゲームの魅力は半減しているだろう。これらのゲームのインテリアは先述したような形での快感回路を形成してはいるが、決してインテリアだけで自立しえるほどの魅力を持っているわけではない。

コンピューターゲームに話を戻せば、成功したロールプレイング物はインテリアにおける快感で勝負する途をさけ、フレームの設定の巧妙さで爆発的な人気を獲得した。このフレームとはすなわち、同一のゲームをプレーする人々による、ひとつの共同性の形成である。共同性は迷路性とゴールの単一性によってもたらされた。迷路を解いていくのに役立つ様々な情報が、ゲームを共有する人々の間でやりとりされ、ゲームを中心とする共同性が瞬時にといっていいスピードで形成された。さらに単一のゴールへの到達のスピードを競うという形での競争原理の導入によって、プレーヤー達は情報交換に駆り立てられ、共同性は強化されていったのである。ここに形成されたプレーヤー達の共同体こそを、実はヴァーチャル・ワールドと呼ぶべきであり、このヴァーチャル・ワールドの最大の魅力は、そこに単一のわかりやすいゴールが存在していたことである。現実の社会自体が目標を喪失しつつある状況の中で、ロールプレイング物を中心にして形成される「目標のある共同性」は、きわめて魅力的なものとして、一部の人々から熱狂的な支持を得ることになったのである。

シミュレーション物や快感物の中には、このような共同性を発生させる契機は内蔵されていなかった。すなわちシミュレーション物や快感物は、フレームの設定という側面において決め手を欠いていた。現在においても、その状況に基本的変化はない。しかしハードウエアの進化によってゲームをめぐる状況に大きな変化が生じた。すなわち高ビットのハードウエアの登場によって、きわめて魅力的なインテリアを持つ、快感物ゲームが技術的に可能となり、その種の快感物が爆発的に普及することとなったのである。魅力的なインテリアとはすなわち高度で敏速なインタラクションと、映像のリアリティーである。これらの快感物のまわりには原則的には共同性は形成されないし、ゲームのインテリアと現実との間にはこれといった接続関係はない。主体は閉じた個室の中でも充分に「バーチャファイター」を堪能することができるのである。大人でも充分にハマりこむだけのインテリアがそこには出現したのである。

ゲーム界におとずれたこの状況は、われわれの置かれた状況の縮図でもある。われわれはかつて単一の確固としたゴールを持つ単一の共同体に、全員が組み込まれていた。その共同体はある時は「日本」であり、ある時は「会社」であった。しかし今やそのような絶対的拘束力を持つ共同体はどこにもない。ゴールは「ドラクエ」の中のゴールのようにテンタティブでフィクショナルなものとしてしか存在しない。共同体もまたそのように相対的で、テンタティブでフィクショナルなものとしてしか存在しない。その一方で、ゴールのない孤独な快感物ゲームがわれわれのまわりをとりかこみつつある。

「バーチャファイター」もセックスもドラッグもそのような形で、われわれの近傍を漂っている。フィクショナルなゴールと共同体を選ぶか、孤独ではあるがリアルな快感を選択するか。この二股の選択肢の前で、われわれは宙づりにされているのである。

この宙づりは、既存のゲームのあり方にも変化を与えずにはいない。パチンコやパチンコ店をめぐる変化もまた、このような状況の投影なのである。かつてパチンコ店は単一の共同体、単一の現実からの逃避の場所であった。別世界であることに意義があり、別世界であること、すなわち切断を強調するために、カタギの現実世界とは対照的な芝居がかった外装、内装が必要とされたのである。もちろんこの切断には巧妙に仕掛けが施されていて、切断すると同時にそこでの勝ち負けは出玉の換金システムを通じて現実の世界に再接続されていたわけである。

しかし今や別世界であることの呈示は必要となくなりつつある。確固たる本世界がすでに喪失してしまったから、別世界の呈示もまた必要とされないのであり、別世界を呈示すること自体が無効となったのである。すべてが相対的な別世界(ヴァーチャル・ワールド)として漂っている。とすれば「別」という接頭語をつける必要もなければ、それをヴァーチャルと呼ぶ必要もないだろう。

ただ無数の世界がある。なんとシンプルなのだろう。ある世界はフィクショナルなゴールと共同性で人々を誘惑し、またある世界は快感のリアリティーで人々を誘惑している。それらの「別世界」は「本世界」との距離とは関係なく、見事に自立している。パチンコはそのどちらにもなりきれず、しかたなく「本世界」に寄生(パラサイト)している。快感のリアリティーで自立するほどの強く魅惑的な快感はないし、かといってフィクショナルなゴールや共同性がそこにあるわけでもない。それでもいまだに人々がパチンコ屋に足を運ぶのは、本世界がまだ完全に絶滅したわけではないことの証拠である。「本世界」がかろうじて存在しているからこそ、このパラサイトも新しい意匠をまとって生きながらえているのである。われわれは中途半端な移行期を生きている。ニュートラルな意匠をまとった今どきのパチンコ店もまた、移行期の産物なのである。

とすれば今どきのパチンコ店は、様々な意味あいにおいて美術館や銀行に似ている。本世界の外側の境界線上には様々なギャンブルがならんでいる。アート、様々な投資、パチンコ。それぞれのギャンブルは本世界との接続と信頼性を訴えることで、延命を画策している。これら既成のギャンブル自体には快感のリアリティーもないし、自立したゴールや共同性があるわけでもない。本世界との接続のみが、それらのギャンブルの延命の契機となる。美術館も銀行もパチンコ屋も、かくして透明の度合いを高め、本世界との接続、連続性を強調する。ガラス張りの美術館や「開かれた」銀行は、そういう隠された意図がデザイン化されたものである。独自のゴールを持つ自立した別世界にまきこまれる勇気もなく、かといって快感のリアリティーに身をまかすことをもいさぎよしとしない臆病で保守的な人々のためのガラスの箱。かといって本世界にかつての魅力や拘束力があるわけではない。本世界のエッジにたつこれらの透明なパラサイトの中で、臆病な彼らはわずかな興奮とつかの間の平安を獲得するのである。

5 「美」の終焉

建築の世界で、妙な現象が進行しつつある。雑誌が信用を失いつつあるのである。正確に言えば、雑誌にのっている写真が信用を失いつつある。誰も、その写真を信じようとはしない。そして実は、この現象、建築に限った話ではない。

最大の理由は、コンピューターによる画像処理技術の進歩である。一度撮った写真をどんな風にでも加工することができるようになった。たとえば、紹介される建築作品の手前に立っている電柱が邪魔だなと思ったならば、消してしまうことができる。後ろに立っているビルが醜くてめざわりだと思ったならば、消去して、かわりに青い空を背景にペーストすることができる。抜けるような青空だけを背景にすっくと作品が建っている純粋な風景が欲しければ、それがなんなくできてしまうのである。

この程度なら、すなわち背景のタッチアップだけならば、まだ罪は軽いかもしれない。おそろしいのは、建築作品自体の画像処理である。建築主の要望で選択した屋根の色が気にくわないので、茶色の屋根を、クールなシルバーに画像変換し、印刷してしまうなんてことも可能である。あるいは、建築基準法の高さ制限のせいで、作品がズングリムックリしてしまったので、縦横の比率を少し変えて、建築を細長く、スレンダーに変形して、雑誌に紹介するなどということも可能になった。

その手の画像処理が、現実の建築雑誌でどこまで行われているかは、僕もわからない。しかし、問題は、現実にどこまで行われているかではなくて、行われていても不思議ではないし、しかたがないと、誰もが感じていることなのである。ではなぜそんな風に、みんな諦め気味なのだろうか。なぜ誰も、これを問題視しないのだろうか。

理由は単純である。建築雑誌が真実という価値基準ではなく、美醜という価値基準で、編集されているからである。真実か虚偽かという価値基準に支配されているメディア(たとえば報道)では、このような画像処理は決して許されない。編集者の首が飛んだり、社長が謝罪するほどの話である。ところが、建築雑誌で一番問題とされていたのは、真実ではなく、美であった。美のためなら真実は犠牲にしてもいいという風土があった。それゆえ、コンピューターの画像処理が今のようなレベルに達する以前から、似たようなことはいくらでも行われていた。フィルターを使って、色を変えてしまったり、極端な望遠レンズや広角レンズを使って、画像を歪ませてしまうことは、日常的に行われていたのである。しかも、これは二流の建築家がやるゴマカシではなくて、一流の建築家ほど、これらの画像処理に熱心であった。

図 53　ル・コルビュジエ作品集に掲載された，エアブラシ等で加工された写真(左側の暗い壁面が加工部分)．

二〇世紀最高の建築家と呼ばれるル・コルビュジエが、画像処理の達人であったことは、よく知られている。彼はしばしば、写真の上にエアブラシなどの技法を用いて手を加え、平然として作品集に掲載した。彼の作品の背景の建物や山は消去され、すっきりとした青空のバックが捏造された。シャープな影によるメリハリがお好みで、明るい壁面と暗い壁面の境界に定規で線を引き、影の部分を暗く塗りつぶすのも得意技であった(図53)。最高の建築家が平気でこんなことをする。しかもそのことが、彼の建築家としての評価を下げることは一切ない。それが建築という世界だったのである。

それは単に、ジャーナリズムの姿勢の問題ではない。ジャンル全体の姿勢、価値基準の問題なのである。建築とは、美、正確には視覚的な美という価値基準によって支配されたフィールドであった。建築物が美しいか、醜いかという判断が、すべてに優先された。そのこと自体が問題なのではない。そのようなフィールドが、二〇世紀にはもっぱら写真というメディアに依存せざるを得なかった。そこにこそ問題があったのである。なぜなら、写真自体がきわめて曖昧で、いい加減なメディアであったからである。このメディアは、何物をも自由に捏造することが可能なメディアであった。捏造と真実との境界が、極端に曖昧なメディアであった。捏造と真実との境界を攪拌する特殊な能力を持つメディアであった。コンピューターによる画像処理技術の進歩は、この曖昧さに拍車をかけたにすぎない。そんな危険なメディアが、建築という危険なフィールドと結託したわけだから、こんな危なっかしいことはない。

この写真というメディアの捏造活動に歯止めをかけるには、二つの方法しかない。ひとつは真実という基準の支配するジャンルの媒体として用いること。すなわち報道写真として、真実という基準の支配によって、たがをはめること。もうひとつの方法は、写真芸術という、自立した世界を用意してやることである。そこでは、被写体の美（捏造の起点）が問われるわけではなく、捏造の結果だけが問われる。そのような場がひとたび用意されてしまえば、捏造という概念自体が意味を喪失することになるのである。

しかし、この二つの方法が適用できないフィールドにおいて、写真を媒体として用いることは、きわめて危険、かつ無意味な選択であった。たとえていえば、それは写真を用いて美人コンテストを行うようなものである。一次選考に写真を利用することはあっても、最終選考に写真を用いる美人コンテストというものはない。写真はいかようにも美女を捏造することができるからである。写真を用いて仮に選んだ美女達を、最終的には同一の舞台の上に立たせて、肉眼で眺める。美を基準とする領域においては、そのような方法のみが、有効性を持つはずなのである。

ところが残念ながら建築を移動させることはできない。様々な建築物を美女のようにして、同一の舞台の上に立たせて見比べることはできない。ゆえに、しかたなく建築は写真に撮られ、写真の形式で評価され、比較されることになったのである。写真だけを用いて、「美女コンテスト」を行わざるを得なかったのである。そこに二〇世紀の根本的な矛盾が存在した。そしてコンピューターによる画像処理技術はこの矛盾を加速し、露呈させる役割を担ったというわけなのである。

では今後、この美女コンテストはどこに向かうのだろうか。まず予想されるのは、情報量を増やし、媒体を複数化しようという動きである。写真だけならば、捏造がいくらでも可能である。しかしムービーを併用すれば、捏造はかなり困難になるであろうという推測である。

しかし、この方向には、明らかに限界が存在する。いくら媒体を複数化したとしても、美という基準と、ヴィジュアル・メディアの間の断絶を完璧に埋めつくすことは不可能である。この問題を解決する唯一の方策は美という基準を見直すこと。美に替わる、新しい基準を発見することしかない。

その徴候はすでに、様々な形で出現しつつある。結果としての美ではなく、ものを作るプロセス自体を評価し楽しむという傾向は、そのひとつである。建築雑誌や美術雑誌が、そのプロセスを読ませること、追体験させることに、ページをさきはじめたのである。建築家やアーティストもまた、結果としての美を競うのではなく、そこにいたるプロセス自体を競いはじめた。そのプロセスは様々である。使い手の意見を聞きながら、使い手が施工にも参加して建築を作る「参加型建築」のプロセスをうりにする建築家が登場した。あるいは、今まで誰も使ったことがない珍しい素材を、試行錯誤を重ねながら、なんとか使いこなしたというプロセスがテーマとなる建築が登場するようになった。どちらの場合もできあがりを写真で見ただけでは、その良さ、その特徴のすべてを理解することは難しい。プロセスのドキュメンテーションを一緒に読んではじめて、その価値がわかるという仕組みである。えっ、そんな風にして作ってあったんですかと膝を打つのである。

要は写真の時代が終わりつつあるのではなく、美女コンテストの時代が終わりつつあり、美の時代が終わりつつあるということなのである。視覚的な美というものは、いかようにでも捏造できる。舞台に並べて、誰が誰より美しいと論じることは意味がない。大切なことは、舞台からひきずりおろして実際につきあってみること。同じひとつの時間、ひとつのプロセスを共有することなのである。そういう体験の重みだけが、人間にとって意味を持つということを、他でもない、コンピューターが教えてくれたのである。

6　エンクロージャー

建築界の不況は、世の中の不況の後にやってくる。なぜならば、建築のプロジェクトはゆったりとしたペースでしか動かないからである。大きいプロジェクトほど、この傾向がはなはだしい。バブルの時代に企画がスタートしたビッグプロジェクトが、一〇年程度の年月を経て、やっと竣工するというパターンである。

ビッグプロジェクトは遅延を経て竣工せざるを得ない。あるスケールを超えたビッグプロジェクトは、お呼びではないという感じで竣工せざるを得ない。日本のパブリックセクターには、これらのビッグプロジェクトを、時代の動きにアジャストさせて、巧みに軌道修正するという俊敏性がない。結果として、景気のドン底に、最もお呼びではない超大型建築ができるということの繰り返しになる。

それは確かに愚かしいシステムかもしれない。しかし、それを批判するのが本論の目的ではない。ほとんどのジャーナリズムは、この遅延を批判することをもって、自らの役割と任じ、その役割に甘んじ、それ以上の批判へと踏み出すことができない。そして遅延は、実は好景気においても不景気においても、いかなる状況のもとにおいても出現し続けている。ジャーナリズムは、いつのときにも絶えずその遅延を批判するそぶりを見せながら、その遅延の結果としての違和感を糾弾しながら、実際のところ、その遅延の本質、そこで建設されるものの本質に迫ることなく、結果として遅延の再生産に荷担するのである。この意味においてジャーナリズムの行っている批判とは、季節(景気／不景気という「季節」)の挨拶の別称にすぎない。

遅延はなぜ放置されるのか。その責任をジャーナリズムにのみ、帰すわけにはいかない。遅延は放置されているわけではない。むしろ二〇世紀の社会が、遅延を必要としていたのである。ケインズ経済学とは、そのような遅延を誘導するシステムに他ならない。好況期に徴収された税金を、不況時に公共事業というかたちで放出するという遅延のシステムによって、経済を平準化するというのがケインズの提案したシステムであった。大恐慌によっていったん破綻した二〇世紀経済は、このシステムによって救済されたのである。

ケインズの提唱したシステムは、一種の非常にスケールの大きいリスクマネージメントであり、また時間と空間の接合であった。近代的な権力は「計画」の立案と実行というかたちで行使される。計画は、通常単年度の計画、すなわち時間概念の欠如した空間的な計画として立案される。そこに近代的な権力の限界、代議制の産物としての「民主主義的」な権力の限界があった。その限界を補塡するために、すなわち空間的にしか立案され得ない計画を時間と接合するために、遅延のシステム、すなわちケインズ政策が要請されたのである。

さらに、近代的権力の限界は公共事業の性格をも規定していくことになる。近代的権力は時間的にも空間的にも、きわめて厳しい制約のもとにおかれていた。長期計画を立案し、実行することができないというかたちで、この権力は時間的に制約されていた。一方、空間的に見れば、都市を具体的に操作、改変するような実体的都市計画を立案、実行することができないというかたちで、この権力は空間的にも制約されていた。すなわち一九世紀にオスマンがパリにおいて実行したような実体的な都市計画は、二〇世紀には不可能であった。「実体的な」とは、都市を構成する具体的な建築の形やデザインをもコントロールするという意味である。都市の既得権はいよいよ複雑にからみあって、それぞれ私有の尊厳を主張し、デザインの自由を主張した。オスマンがかつて行った、広場や都市の中心的建造物を創造するための用地買収が原則的に不可能であるとすれば、実体的都市計画は夢のまた夢であった。

その状況の中で、近代的権力には二つのツールが残されていた。ひとつは、建築物の輪郭線の規制や容積率制による、間接的な都市コントロールであり、ひとつは単一の建築物の中に、広場や街路などをも含む都市的な諸機能を包含した、巨大な公共建築の建設である。すなわち建築(単一の巨大建築)をもって、都市の代用品を作ろうとする手法である。二〇世紀の権力はこの二つしか道具を持ちあわせていなかった。

その二つのツールは、ともに現実の都市に対してはあまりにも無力であったというべきであろう。民主主義的な近代的権力のもとに立案される間接的な形態規制は、あまりに抽象的、幾何学的であって、魅力ある「実体としての都市」を形成する力は持ち得なかった。オスマンが誘導したライムストーンの壁面と美しくセットバックする鉛色の屋根とで構成された高さの揃った街並みは、夢のかなたであった。また規制は個々の建築物の形態の規制という形式をとるほかなく、広場に代表されるような魅力あふれる公共的外部空間を生成するシステムとはなり得なかった。さらに悪いことに、すでに飽和状態にある二〇世紀の都心部分において、建築物の更新、建て替えの速度はあまりにもスローであり、間接的な規制はあまりに迂遠であった。

とすれば、性急さを本質とする近代の「民主主義的」権力はいよいよ巨大な公共建築物へ、すなわち建築をもって都市の代用品とする方向へ傾斜せざるを得なかったのである。この方法は、建築物による時間と空間との接合、すなわちケインズ的な遅延政策の方向性とも見事に一致するものであった。

しかし、この手法もまた様々な欠陥を有していた。ひとつの欠陥は、そのようにして建設される巨大な建築物の閉鎖性である。閉鎖性はこの種の建築物の必然でもあった。

そもそも、その建築の置かれる都市的環境に魅力が乏しいからこそ、この種の建築は立案されるのであるから、これらの大建築はその周囲の貧困な環境に対して自らを閉じ、その内側に魅力的都市空間を生成する必要があった。さらに建築という形式を持つということが前提である限りにおいて、建築という構築物と周辺の環境との切断はまぬがれ得ない。道路、川などの連続的な形式を有するものならば、まだ切断をまぬがれる途はあった。しかし建築は切れているからこそ建築と呼ばれる。それゆえこの種の都市代用型の公共建築はしばしばエンクロージャー（囲い込まれたもの）とも呼ばれるのである。

都市代用型公共建築の原理が閉鎖性にあるとするならば、この種のエンクロージャーは必然的に巨大化する宿命にあった。自らの内部において都市を構築しなければならないとしたならば、建築物はなによりもまず巨大である必要があった。そして既得権の錯綜する既存の都市において巨大な敷地を確保しようとしたならば、必然的に敷地は都市の中心をはずれ、周辺部へと拡散していかなければならなかったのである。バブル期以降の日本に建設された巨大公共建築物の敷地を調べれば、この拡散傾向は明らかである。たとえば、東京都現代美術館、第二国立劇場。文化の中心施設が、どんどん都心から逃げていったのである。

ここに成立したシステムは、ひとつの悪循環と呼んでよいほどに悲劇的である。都市の空間的貧困を建築で解決しようとしたときに、建築は巨大化せねばならず、安価な土地を求めて敷地は場末へと拡散せねばならない。結果としていよいよ都市は中心を喪失して拡散し、エンクロージャーの外部に取り残された都市空間はいよいよ魅力を喪失し、そしてさらなる巨大なエンクロージャーが要請されるという悪循環である。エンクロージャーは都市問題を解決するのではなく、都市問題の及ばない閉じた領域を作り、その結果としてかえって都市全体の環境は悪化の一途をたどり魅力を喪失し続けるのである。さらに絶望的なことに、巨大なエンクロージャーは建設費によって、そしてその後のオペレーションコストによって、都市財政を決定的に破綻させるのである。

この悪循環は日本や東京に限定されるものではない。巨大なエンクロージャーの中に、いかに効果的に都市的アクティビティーを発生させるかというテーマは、今日の世界の建築界の支配的なテーマである。レム・コールハースはそのテーマを執拗に実作で展開している(図54)。透明性という概念、シークエンスという概念、あるいは傾斜した床面によって、異質な機能を立体的に接合する手法も、このテーマと深くかかわり合っている。エンクロージャーは外に向かって閉じながら、その内部において透明であり、その内部を訪れた主体は、その空間の中で様々な都市的エレメントの衝突と接合によるダイナミズムを体験するのである。かつての都市空間以上に都市性に満ち溢れた空間が、その閉じてしかも透明な箱の中に出現するのである。

この手法は公共建築物に限定された手法ではない。資本こそが最も緊急、切実に都市的なアクティビティーの創出を必要としているのであり、それが現実の都市の中に求められないとするならば、彼らは自らエンクロージャーを建設するしかないのである。テーマパークとは、資本によって建設されたきわめて閉鎖性の高いエンクロージャーの別名に他ならない。

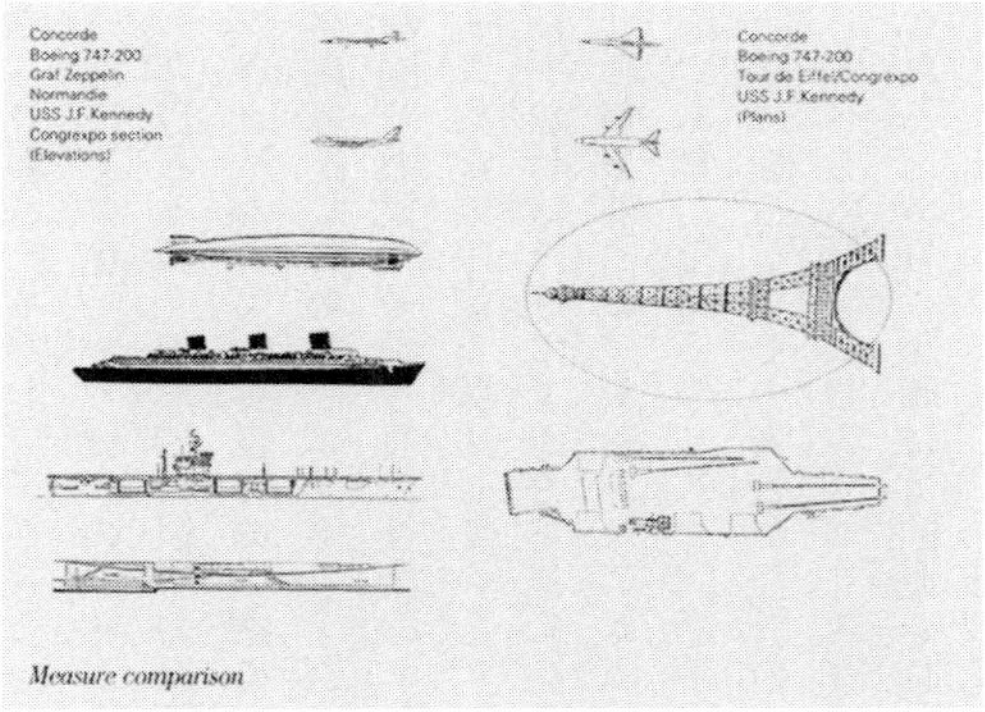

図 54　レム・コールハースの代表作であるコングレクスポ(1994)の巨大なスケールを，彼自身が他の構築物のスケールと比べたもの．

すべてはエンクロージャーへと向かっている。すべてはテーマパークに向かっていると言い換えてもいい。これは建築や都市に限定された話ではなく、社会の全体を覆う傾向でもある。綿密に計画され、構築された現実の社会の代用品。それが今日、社会のすべての領域で増殖しつつあるエンクロージャーの本質である。ネットワーク化というのは、この傾向の別称である。なぜならネットワーク化され電子テクノロジーによって緊密に接合されているのは、あくまでエンクロージャーの内側であり、その外側に対しネットワークは切断されているからである。ネットワークもまたエンクロージャー型に閉じているのである。そこにネットワーク化という概念の陥穽がある。

今日ある種々の危機の根本の原因は、エンクロージャーの限界に起因する。今、破綻がささやかれている世界の金融のシステムもまた、エンクロージャーとして内に開き、外には閉じている。エンクロージャーの囲いを膨張させることによって、リスクの回避を図るというのが今日の社会の一般的なリスクマネージメントの手法であり、金融システムもこの手法を採用している。リスクそれ自体を商品として、そこにさらなる資本を投下させることによって、リスクの回避が図られる。その結果としてエンクロージャーは膨張し続ける。金融システムにおけるデリバティブとは、その形式のリスク回避の典型であり、それらのリスク回避手法の開発によって、金融におけるエンクロージャーは急速に膨張し、その膨張が経済の成長と誤解されたにすぎない。

すべての領域において、リスクはリスク自体を外部へと拡散させることによって回避される。いや、正確には回避されたのではなく、回避されたかに見える。その本質は、回避ではなく、拡散による遅延である。回避が遅延にすり替えられるのである。そのすり替えはねずみ講と同型である。そしてケインズ経済学こそ、そのすり替えのシステムそのものであった。ケインズ自身がそのことをよく認識していた。あなたの経済学は恐慌の短期的な処方にすぎず、長期的には何も問題を解決していないではないかという問いに対して、彼は長期的に見ればわれわれは皆死んでいるとシニカルに答えている。

このすり替えのシステムが有効に機能するためには、社会全体の中で、このシステムの占有部分、すなわちエンクロージャーが相対的に小さくなければならない。しかし、エンクロージャーがある限界を超えて巨大化したとき、このシステムは破綻する。ねずみ講もケインズ経済学も、そこそこに成功している限りにおいて存続が可能であり、大きく成功したときには破綻するのである。今そのようにして、金融システムもエンクロージャー建築も破綻の危機にさらされている。危機の本質はそこにある。

では、われわれはどのようにしたらこの危機を乗り越えることができるのか。マクロな経済学という形式自体が破綻した今、論理的に、その答えに到達するにはかなりの時間が必要であると思われる。さしあたり、われわれにできることはエンクロージャーとは対極の建築のあり方を、直感的に探ることである。都市の中に閉じた領域を作ることではなく、都市の中に小さな建築を無防備にさらし、都市に対して無惨なほどに建築を開く。閉じたエンクロージャーの中での透明性に安住しない。都市に対して開き、投げ出すことこそが透明性なのである。

それでもまだ建築は大きすぎ、まだ何かを囲い込んでいるかもしれない。建築はエンクロージャーを指向する遺伝子を内蔵しているからである。いっそのこと、たった一個の石ころをこの現実の路上に置いてみること。どう置いたら、何が起こるかをじっくりながめてみること。そのような行為を建築デザインと呼びたい衝動にかられている。

注

I

（1）『建築をめざして』（ル・コルビュジエ著、吉阪隆正訳、鹿島出版会、一九六七年）（*Vers une Architecture*, 1923）。

（2）いくつかの制度上の変革（規制緩和）がこの財テクブームの引き金となったことは間違いがない。ひとつは、一九八〇年における「中期国債ファンド」の発売であり、ひとつは一九八〇年末の、外国為替管理法の改正に伴う外貨預金の自由化である。

（3）エステ、美容整形などは、そもそも脱領域化からは遠い身体という存在を強引に脱領域化しようとする試みに他ならない。

（4）その土地の上に建設可能な建築物の床面積の総和を、その土地の面積で割ったもの。その数値は場所の性格に応じ、行政当局によって定められている。たとえば容積率五〇〇％の土地の場合、敷地面積を一〇〇坪とすると、その土地の上に建設可能な建物の床面積の総和は一〇〇坪の五倍、すなわち五〇〇坪となる。

（5）当時の円高が、この現象に拍車をかけた。日本人建築家と、ほぼ同じレベルの設計料で世界的建築家を起用できることが知れわたり、また世界の著名建築家のほとんどが、この日本からのニーズに応えた。その間には「空間プロデューサー」という名のブローカーが介在し、彼らも時代の主役の一人となった。
(6) もちろんこのケースでも、実際の図面作製はゼネコンの設計部の手で行われることが、ほとんどであった。
(7) このようなスポンサー・シップに対し、八〇年代以降メセナ活動という、よりソフィスティケートされた用語が使われるようになった。
(8) マイケル・グレイブス(Michael Graves 1934-2015)。ポストモダニズムを代表するアメリカの建築家。バブル時代の日本で、最も多くの仕事をした建築家の一人。
(9) フィリップ・ジョンソン(Philip Johnson 1906-2005)。二〇世紀のアメリカを代表する建築家。ヨーロッパでスタートしたモダニズムの建築運動の紹介者として登場したが、その後ポストモダニズムの仕掛け人として一九八〇年代の世界の建築界の中心的存在となり、さらにその後、一九八八年には「ディコンストラクティビスト・アーキテクチュア」という展覧会をプロデュースして、ポストモダニズムへの訣別を宣言した。
(10) このブームの代表的産物がエンパイアステートビル、クライスラービル等の、アールデコ・スカイスクレーパーと呼ばれる超高層オフィスビル群であった。
(11) チャールズ・ジェンクス(Charles Jencks 1939-)。アメリカで生まれ、主にイギリスで活躍する建築評論家。
(12) ロバート・ヴェンチューリ(Robert Venturi 1925-2018)。アメリカの建築家。ポストモダンのムーブメントの理論的支柱であると同時に、実作においても二〇世紀後半のアメリカ建築界をリードした。

(13) 形態を機能のみによって決定しようとする立場。「形態は機能に従う」というアメリカの建築家ルイス・サリヴァンの言葉がよく知られている。
(14) 建築のモダニズム運動を代表するオーストリアの建築家アドルフ・ロース(注38参照)の言葉。モダニズム建築の本質を言い当てている。
(15) この説に関して、現在では多くの建築史家が否定的である。実証的観察によれば、こと建築技術に関しては、一九世紀のモダニズム以前の建築と、二〇世紀のモダニズム建築とは、技術的に連続している。
(16) ミース・ファン・デル・ローエ(Ludwig Mies van der Rohe 1886-1969)。ドイツが生んだ二〇世紀を代表する建築家。鉄とガラスを大々的に用いた、単純で透明な建築で知られる。
(17) ヴァルター・ベンヤミン(Walter Benjamin 1892-1940)。『パサージュ論』I—V(今村仁司他訳、岩波書店、一九九三—九五年)。
(18) フリードリッヒ・エンゲルス『住宅問題』一八七三年。
(19) 一九一六年に世界ではじめてのゾーニング条令がニューヨーク市で施行された。この条令は用途地域制、高さ制限、空地率の三本の柱から構成され、この三本の柱は二〇世紀の都市、建築行政の核として、その後世界中の自治体の範となった。
(20) 日本でいえば住居地域、第一種住居専用地域、第二種住居専用地域などに、さらに細分化されている。
(21) *Learning from Las Vegas*, 1972(『ラスベガス』R・ヴェンチューリ、D・ブラウン、S・アイゼナワー共著、石井和紘・伊藤公文訳、鹿島出版会、一九七八年).

(22) 建物を支える独立柱。

(23) 『マスメディアとしての近代建築』(ビアトリス・コロミーナ著、松畑強訳、鹿島出版会、一九九六年)(*Privacy and Publicity: Modern Architecture as Mass Media*, 1994)。

(24) ヴァルター・グロピウス(Walter Adolf Georg Gropius 1883-1969)。モダニズムを代表するドイツの建築家。一九一九年バウハウスの校長に就任し、一九三七年にはハーバードに渡り、アメリカ建築教育のリーダーとなった。

(25) レオン・バティスタ・アルベルティ(Leon Battista Alberti 1404-72)。イタリア中期ルネサンスの建築家。理論家としても知られ、実作ではマッシブな壁の表現で知られる。

(26) コーリン・ロウ(Colin Rowe 1920-99)。

(27) 『理想的ヴィラの数学』(*The Mathematics of the Ideal Villa*, 1947)(『マニエリスムと近代建築』所収、伊東豊雄・松永安光訳、彰国社、一九八一年)。

(28) アンドレア・パラディオ(Andrea Palladio 1508-80)。イタリア後期ルネサンスの建築家。ローマ遺跡の研究に基づく端正な古典的作風で知られ、後世に大きな影響を与えた。

(29) リチャード・マイヤー(Richard Meier 1934-)。二〇世紀後半のアメリカを代表する建築家。白く美しい幾何学的形態で知られる。

(30) ピーター・アイゼンマン(Peter Eisenman 1932-)。二〇世紀後半のアメリカを代表する建築家。理論家としても知られ、ディコンストラクティビズムの建築の理論的支柱となった。

(31) バーナード・チュミ(Bernard Tschumi 1944-)。スイス生まれの建築家で、フランス、アメリカで活躍する。パリのラ・ヴィレット公園(一九八九年)が代表作で、理論家であり、コロンビア大学の学部長を長く務めて、コンピューターを多用するアメリカ建築教育のリーダーでもあった。

(32)「コーラル・ワーク」という名称で呼ばれ一九八五年から九〇年にかけて両者の間で何度かディスカッションが行われたが、最終的に両者は決裂した。

(33) 七〇年代のアメリカ建築界の中心にいた五人の住宅建築作家P・アイゼンマン、M・グレイブス、C・グワスミィ、J・ヘイダック、R・マイヤー。

(34) レム・コールハース(Rem Koolhaas 1944–)。その現代的で過激な表現で今日最も注目を浴びるオランダの建築家。

II

(35) ゴットフリート・ゼンパー(Gottfried Semper 1803–79)。一九世紀ドイツの古典主義の建築家。理論家としても知られ、モダニズムの先駆者の一人と考えられている。

(36) ヘリット・トマス・リートフェルト(Gerrit Thomas Rietveld 1888–1964)。デ・ステイルを代表するオランダの建築家。レッド・アンド・ブルー・チェア(図20参照)などの家具デザインでも知られる。

(37) オットー・ワグナー(Otto Wagner 1841–1918)。一九世紀後半から二〇世紀にかけてウィーンを中心に活躍したオーストリアの建築家。二〇世紀のモダニズム運動に多大な影響を与えた。

(38) アドルフ・ロース(Adolf Loos 1870–1933)。モダニズム運動の理論的支柱の一人となったオーストリアの建築家。表層と構造に関して様々な新しい試みを行い、空間の立体的連続性に関心を示し、装飾を排した抽象的建築表現を提唱した。

(39) 現場でコンクリートを型枠に流し込んで作る現場打ちコンクリートに対し、工場であらかじめピースとして製作するコンクリート製品の総称。

(40) Frank Lloyd Wright "An Autobiography", 1932.

(41) シーザー・ペリ(César Pelli 1926-2019)。二〇世紀後半のアメリカを代表するアルゼンチン出身の建築家。表層に対して独特の感性を発揮し、薄く、しかもヒューマンな表層デザインを追求した。

(42) 一九九〇年代を風靡した、斜線を多用し、無秩序、不整合をテーマとする建築デザイン。フランスの脱構築(ディコンストラクション)の哲学を理論的支柱とし、直角で構成された従来の幾何学的秩序を批評した。日本では一九九五年の阪神・淡路大震災を境に、急速に力を失った。

(43) 内田祥哉(うちだ・よしちか　一九二五—)。戦後の工業化建築の推進に大きく貢献した建築家、教育者。特に、世界にも類をみない日本のプレファブ建築に対して、多大な影響を与えた。

(44) 芦原義信(あしはら・よしのぶ　一九一八—二〇〇三)。戦後日本のモダニズムを代表する建築家の一人。ハーバードでマルセル・ブロイヤーのもとに学び、内部と外部とが一体となった、開放感のあるモダニズム建築を提唱した。

(45) 清家清(せいけ・きよし　一九一八—二〇〇五)。戦後日本のモダニズムを代表する建築家の一人。透明感溢れる一九五〇年代の木造小住宅で世界から注目された。

(46) 池辺陽(いけべ・きよし　一九二〇―七九)。戦後日本のモダニズムを代表する建築家、教育者。工業化、モデュロールをテーマとする一九五〇年代の一連の小住宅で注目を集めた。

(47) 村野藤吾(むらの・とうご　一八九一―一九八四)。一九一八年早稲田大学建築学科卒業後、大阪の渡辺節建築事務所に入所し、優れた様式的建築を残す。一九二九年に独立。その後、半世紀以上にわたって、型にはまらない自由な造型に満ちた作品を発表し続けた。

(48) 石やレンガを、縦目地が通らないように交互に積み上げていく方式。縦目地が通る積み方はイモ積みと呼ばれる。

(49) マニエリズムの建築家アンドレア・パラディオが頻繁に用いた開口部の形式。大型の半円形アーチを中心に、それを支える両側の細い円柱を隔てて、両側に幅の狭い長方形の開口部を添えるもの。パラディアン・モチーフあるいはセルリオーネとも呼ばれる。

(50) 厳密には古典主義建築におけるエンタブレチュア(柱上部の梁状の水平帯)最上部の突出した水平帯。広義には壁を分節するために取り入れられた装飾的な水平帯のすべて。

(51) 一九二五年にパリで開かれた国際装飾博覧会(通称アールデコ博)がきっかけとなり、世界中で流行したデザインの様式。グラフィックス、インダストリアル・デザイン、建築を横断した流行で、一九世紀末のアールヌーヴォーとしばしば比較される。

(52) 「日生を語る」(対談)村野藤吾／浜口隆一、『新建築』一九六四年一月号。

(53) 構造的な柱と柱の間を開口部とするというのは、柱が建築を支持するという表現を重視する古典主義建築の鉄則であった。

（54）外壁を構造体から切り離すことで、好きなところに好きなように開口部が開けられるようになることをコルビュジエは「自由なファサード」と呼び、モダニズム建築の五原則のひとつに挙げた。

（55）別棟になった茶室。あるいはここから転じて、フォーマルで都市的な書院建築に対して、茶室建築の自由で自然主義的なデザイン方法を指す。

（56）吉田五十八（よしだ・いそや　一八九四—一九七四）。独特の和風建築で知られる建築家。数寄屋建築の近代化に努め、荒組の障子、大壁、目すかし天井などを考案し、「近代数寄屋」の祖とも呼ばれる。

（57）ヴィトロヴィウス（Marcus Vitruvius Pollio）。前一世紀の古代ローマの建築家。世界初の建築書の著者として知られ、後世、特にルネサンスに多大な影響を与えた。

（58）通常、哲学において普遍論争といったときは、中世における神学上の論争を指す。普遍は実体として存在するのか、あるいは人間の思考の中にのみ存在するかというかたちで論争は展開され、前者を展開したものが実念論、後者を展開したものが唯名論と呼ばれる。今回の日本での論争をこのヴァリエーションとして考えることもできる。

（59）「サンパウロ・ビエンナーレ参加作家選出によせて／〈日本的なもの〉の限界」本江邦夫（『産経新聞』一九九四年八月二一日）。

（60）「国際ビエンナーレの日本参加をめぐって／欧米の〈普遍性〉と日本文化の〈根〉」高階秀爾（『産経新聞』一九九四年九月四日）。

（61）「新しい表現の場のために／モダニズムと日本的なものを超えて」李禹煥（『毎日新聞』一

九九四年一一月一四日)。

(62)　オリエンタリズムの概念は、イスラエル生まれのパレスチナ人であるエドワード・サイードの著書『オリエンタリズム』(一九七八年)に端を発している。

(63)　『朝日新聞』「文芸時評」一九九四年一〇月二六日。

(64)　ポリティカル・コレクトネスという概念がコロニアリズムの延長線上にあることは間違いないが、両者の間には微妙なニュアンスの差異がある。すなわちコロニアリズムのフェーズにおいては、近代の非近代に対する優位性は明らかであったが、一方、ポリティカル・コレクトネスのフェーズにおいては、近代の非近代に対する優位性は崩れつつある。迫りつつある非近代の脅威に対する神経症的な防御性が、ポリティカル・コレクトネスの言説や表現の通奏低音となっている。

(65)　例年ビエンナーレの併設イベントとして若い作家の作品を中心に行われている「アペルト展」が中止されたことが、この静けさのひとつの原因となった。しかし、アペルトが中止されたこと自体がすでに先進国型ＰＣに対する人々の食傷を反映している。

(66)　その中において、今回のヴェニス・ビエンナーレの併設イベントのひとつであった「トランス・カルチャー展」は、従来のマルチ・カルチャリズムとは異なる新しい視点を提供していた。移住などによって複数のカルチャーをトランス(横断)した経験をもつ作家を中心としたこのエキシビションは、「普遍」が消滅してしまった現代的状況を前提にした、新しいかたちのマルチ・カルチャリズムの可能性を提示していた。

(67)　「九・一一」はさらにこの事態を決定的にしたといってもいいだろう。

III

(68) 『10宅論』隈研吾(トーソー出版、一九八六年。ちくま文庫、一九九〇年)。
(69) 水越伸編『二〇世紀のメディア1 エレクトリック・メディアの近代』(ジャストシステム、一九九六年)の中の「もし夢が人生の代用ならば、ビデオは夢の代用品だ」ナムジュン・パイク、筑紫哲也、水越伸による鼎談。

〔図版提供〕
新建築社 図3、4、5、6、10、12、13、14、15、16、18、19、23、28、29、30、35、37、38、39、41、42、43、44、45、47、52

おわりに

様々な視点から考え、書こうと思った。建築という領域は自立しようがなく、社会の諸状況と密接に絡み合っていると考えたからである。経済と建築との関係について考え、社会や家族の問題について考え、もちろん形態やデザインについても思考した。しかし、読み通してみると、結局はたったひとつの問題を、いくつかのルートから解こうと試みていたように思える。

大きさをどう処理するか。大きくなる世界をどうマネージするか。このひとつの問題を中心にして、頭と手が廻っていた数年間であった。

建築という存在形式がそもそも、世界の拡大、膨張を処理するために発明され進化した物質の形式と考えることもできる。もちろんここで言う世界とは人工的な世界のことであり、自然に対する人工的環境としての都市と言い換えてもいい。世界が小さければ、人々は洞窟の中に住んでいてもよかったし、木の洞に住まうこともできた。人間の世界の拡大に伴ってシェルターとしての建築が必要とされ、また膨張する無数の人々の意識をひとつに束ねるため、モニュメントとしての建築、強い形態性を持つ建築も要請されはじめた。何もない原っぱに、石ころをどんどん積み上げていく必要が生じた。そして膨張する世界が要請する建築の究極の姿が、超高層ビルということになるのかもしれない。

世界の膨張をマネージするために建築が生み出され、視覚が命じるままに建築は高く、高くのびていった。同様に膨張によって不安定化した経済をマネージするためにケインズ経済学が登場し、政治においては世界の大きさに対する最も公平で合理的な方策としてデモクラシーが登場した。しかし大きさを解決するために編み出されたそれらすべての方策が、予想を上回って膨張する現実世界の圧倒的大きさの前で、かつての有効性を喪失し、挙動不安定に陥っている。本書を取り巻く状況をそのように要約することができる。

挙動不安定は建築の全領域を覆っている。二〇世紀の公共投資と持ち家政策はケインズ経済学と二〇世紀型デモクラシーと連動しながら、世界の大きさをマネージする有効な施策として機能していた。しかし世界の大きさはすでにそれらの道具の限界を超えてしまったのである。それらはすべて個別に失効したのではなく、大きさという難題をマネージするために開発された近代的システムは、共通の単一の理由によって失効したように僕には感じられた。

その理由とは、それらすべてのシステムが建築的なシステムだったことである。建築的なシステムとは過度に視覚依存的であり、物質依存的であり、その結果、求心的であり、構造的であり、階層的(ヒエラルキー)であり、内外の境界が明確で外部から切断された閉鎖的システムである。本書でしばしば登場するエンクロージャーという概念はこの明確すぎる境界の別称であり、近代の都市計画の基本概念であるゾーニングという手法もエンクロージャーの言い換えである。

大きさを建築的なシステムでマネージしようとした時代。近代をそう定義したいという欲求に駆られる。では、そのような建築的システムにかわるシステムは何だろうか。非物質的、非求心的、非階層的システム。たとえばインターネットに代表されるネットワーク・システムはオルタナティブ・システムの代表であろう。

しかし建築は古く、ネットワークは新しいという退屈な結論もまた、僕ののぞむ所ではない。新しくデモクラティックなシステムと考えられているネットワークが、いかに新たなエンクロージャーを生成しやすく、また建築的システム以上に外部に対して排他的に機能する可能性があるかについて、僕らはすでに多くを経験している。むしろ、様々な非建築的なシステムが、当の建築自体のあり方を変える可能性のほうが、はるかに僕を興奮させる。求心的でも構造的でもなく、境界も曖昧でエンクロージャーを生成しないやわらかな建築が、ありえるかもしれないのである。

そのような建築がもし実現し、人々の眼の前に実際の物質として姿を見せたならば、何がおきるだろうか。それは今日の了解不可能なほどに膨張した世界の大きさをマネージするための具体的な道具のヒントとして、政治、経済、社会、家族のあり方に対しても影響を与えるのではないか。物質の具体性には、それぐらいの力がある。だからこそ、建築的システムはかつてあれほどの影響力を世界に示しえたのである。物質を馬鹿にしてはいけない。

世界で最も大きな塔が一瞬のうちに小さな粒子へと粉砕されてしまった後の世界にわれわれは生きている。そんな出来事の後でも、まだ物質になにかを託そうという気持ちが、この本をまとめる動機となった。物質を頼りに、大きさという困難に立ち向かう途を、まだ放棄したくはなかった。なぜならわれわれの身体が物質で構成され、この世界が物質で構成されているからである。その時、なにかを託される物質が建築と呼ばれるか塀と呼ばれるか、あるいは庭と呼ばれるかは大きな問題ではない。名前は問題ではない。必要なのは物質に対する愛情の持続である。

最後になったが、この本をまとめるきっかけを作っていただいた岩波書店の高村幸治氏、途切れそうになる僕の持続を励まし支えてくださった吉村弘樹氏にこの場を借りて深く感謝したい。

隈　研　吾

岩波現代文庫版あとがき

「負ける建築」というタイトルは、外国語に訳すのが難しいことに、あとで気がついた。英訳本のタイトルをどうするか議論して、当初考えていた。Defeated Architecture だと、ヤンキースがレッドソックスに負けてしまったような感じになってしまうらしい。負ける建築＝控え目な建築という、当初のニュアンスが伝わらないというのである。それで、最終的には、The Architecture of Defeat という英訳になった。

中国語訳はもっと難しく、「負建築」と直訳すると、マイナス建築ということになってしまう。負はカチマケのマケではなくて、プラスマイナスのマイナスである。しかし、勝ち敗けの敗にしてしまうと、英語の時と同じように、野球の試合のような感じになってしまって、控え目な建築の感じにならず、結局「マイナス(負)建築」で、なんとかニュアンスを汲みとってもらった。

日本でも、負ける相手は何ですかという質問をよく受ける。「まわりの環境に負けるということです」などと答えて、お茶をにごしているのだが、実際のところ、このタイトルを思いついた時に考えていたことは、何に対して負けるとか勝つとか、ということではなく、「えばってない建築」を、知的に言い換えたいという思いがベースになっていた。

そして、「えばった建築」を作り続けてきた「えばった建築家、ふんぞり返った建築家」をロジカルに批判したいという思いであった。

具体的な名前は出さないが、僕らより上の世代の建築家は、総じてえばった感じの人が多かった。

なぜ、そうだったのだろうか。建築界では、僕の世代の建築家は、「第四世代」と呼ばれている。第二次大戦後に最初に登場してきたのが第一世代で、丹下健三(一九一三―二〇〇五)、前川國男(一九〇五―一九八六)がその代表とされた。戦前と戦後の建築界には大きな断絶があり、それで戦前はカウントせずに戦争が終わり、戦後復興の主役を担った建築家が第一世代と呼ばれたのである。

続く第二世代の代表は、槇文彦(一九二八―　)、磯崎新(一九三一―　)、黒川紀章(一九三四―二〇〇七)の三人で、彼らは戦後復興が軌道にのって、日本が右肩上がりで成長し、アメリカに肩を並べるまでになった戦後の黄金時代(一九六〇年代からバブル崩壊まで)の建築界を牽引した。

その黄金時代はハコモノの時代でもあった。戦後の日本経済は、土建業によって牽引された経済であった。道路やダムをどんどん作り、ハコモノを建てまくって、土建業にお金をばらまき、経済を活性化した。土建業は経済をひっぱっただけではなく、人々を保守化させて、政治の安定をはかるという効果もあった。それが日本の戦後システムの正体であった。ハコモノは、その時代の政治、経済、文化の象徴そのものだったのである。

続く第三世代は安藤忠雄(一九四一―　)、伊東豊雄(一九四一―　)の二人に代表される。彼らが新しいデザイン、建築哲学で登場したのは、一九八〇年代であり、九〇年代、二〇〇〇年代に代表作を残した。第二世代が右肩上がりの「明るい戦後」「ハコモノの時代のリーダー」であったのに対し、第三世代は、下り坂にさしかかった日本の空気を見事につかんだ。第二世代は、大きく、美しく、めだつ建物を、華麗なロジックとさわやかな弁舌で解説するエリートであった。一方で、第三世代はそんな空気に疑問を投げかけた。エリートではない人間(たとえば大学を出ていない元ボクサー)が、地域の人達に配慮して、威圧的なハコの代わりに、徹底して抽象化された建築(たとえばコンクリート打放し)環境に対して開かれた建築、透明な建築を作るというのが、第三世代のやり口であった。

しかし、第三世代が活躍した九〇年代、二〇〇〇年代は、まだまだ日本は元気があったともいえる。ハコモノは作られ続けていたし、少子高齢化も、切実な問題ではなかった。彼らの批判的、反抗的なポーズは、ゆとりがまだまだあった日本の社会には、スパイスのような感じで、受け止められていた。

その第三世代のあとにくるのが、僕ら第四世代であった。一九五〇年代生まれの僕らは、バブルが崩壊した後の一九九〇年代、失われた一〇年間と呼ばれる、あの先の見えない時代と、正面から向き合わなければならなかった。九〇年代にもスター建築家として、華やかに振る舞うことのできた第三世代とは違うスタンスで、九〇年代を生き延びなければならなかった。

社会が建築を見る目は、僕らが仕事をし始めた時から厳しかった。建築が社会を牽引するリーダーであった第二世代の時代とも、反抗的ポーズのスパイスとして持てはやされた第三世代とも、全く逆の空気の中で、建築家人生をスタートさせなければならなかった。建築はほとんど犯罪であり、建築家は犯罪者扱いだった。そんな逆風まっただ中で、僕らは何とか建築の仕事を受注し、小さくてもいいから、建築を実現して、食いつないでいかなければならなかったのである。

そんな僕らから見ると、第二世代、第三世代の建築家は、いまだに建築が社会のリーダーであった昔の栄華、すなわち建築がすべてを上から目線で見下していた時代の、時代錯誤のえばったオジサンに見えたのである。

建築が勝っていた以上に、建築家はすべてに勝っていたともいえる。その建築界の中にあって、建築家はさらに特別なポジションにあった。建設業界の古いヒエラルキー構造の中では、設計をする人が上位にいて、その人の引いた図面に従って工事をする施工部隊は、下位に位置づけられていた。その施工部隊の中でも、実際に手を動かす職人は下位で、それを監督する建設会社の人は上位だった。その建設会社の中でも、大手五社といわれる五大ゼネコンが上位であった。そんなガチガチのヒエラルキーが、この業界には存在していた。

施工部隊の上位に位置するとされて、「先生」と奉られる設計者の中でも、建設会社の設計部の人は施工に近くて少し下、大きな組織の一員として設計に携わる大手設計会社の社員がその上、さらにその上に建築家、すなわち個人の名前で仕事をする、一種の芸術家がいるという士農工商的ヒエラルキーがあって、それで自然に、あのえばった態度、あのえばった建築が生まれてきたのかもしれない。それはほとんど滑稽であった。

もう、時代は違うんだ、ということを、僕はこの本で書いた。建築が勝って、建築家がもっと勝っていた時代は終わっていて、建築はすっかり負けている。建築家はもっともっと負けていて、その存在自体が滑稽なのである。その現実をはっきり伝えたくて、「負ける建築」というタイトルを思いついた。闘う建築でも、透明な建築でもなくて、もっとはっきりと、この建築の置かれた厳しい状況を言葉で伝えたかった。「負ける」という以上に適切な言葉はないと思った。

そして不思議なことに、僕ら第四世代のあとに、第五世代、第六世代、はやってこなかった。一から四までの世代は、世代ごとに、建築と社会との勝ち負けの関係が激変し、それが建築家のパーソナリティ、態度にも影響を与えた。第四世代で、もうすっかり勝負は確定し、建築はどん底まで落ち、建築の負けは確定し、それ以上の底はないから、その後の世代の差を指摘する必要がなくなったのである。

その意味で「負ける建築」は関係の転換を記録するドキュメントであった。負けが確定した後で、負けという大きな状況の中で、各自が小さな目的を定めて、地味に仕事をしていく時代がやってきたということなのである。

僕が設計に関わった新国立競技場をめぐる一連の騒動は、社会と建築との歴史的な転換を象徴する大きな事件であった。今になって、冷静に振り返ってみれば、まさにあの時、時代というものが、回転し、建築の位置づけが大きく変わったのである。

二〇二〇年の東京オリンピックのための、新しい国立競技場の設計者を選ぶ、国際コンペで選ばれたのは、ザハ・ハディッド(一九五〇―二〇一六)であった。ザハの卓越したデザイン能力を見出したのは、先述の第三世代の建築家、磯崎新であった。バブル直前の一九八三年に行われた、「香港ピーク」の国際コンペで、一度落選したザハの案を審査員の磯崎が拾い上げ、彼女は一躍、世界の建築界のライジングスターとなり、その造型力は国際コンペで圧倒的な強さを誇った。ザハは建築界のディーバへと昇っていった。

その流れで、東京の新国立競技場も、彼女のモニュメンタルな形態が選ばれたのである。その案が、外苑の森の環境と不調和であるとして、槇文彦をはじめとする日本の建築家達の批判の標的とされ、最終的には当初の予算の倍以上の建設費となることが問題とされて、ザハ案はキャンセルとなり、第二回のコンペが行われたのである。

その再コンペで、僕らは、木を使って、森との調和を最優先する案を提出し、選択された。そのコンペの作業中、僕はザハの「勝つ建築」のかわりに、いかに外苑の森にどう負けるかだけを考えた。

僕らの案が選ばれ、完成するまでの紆余曲折、マスコミ、建築界の様々なリアクションを通じて、僕は、時代が何を求め、何を問題としているのかを感じ、学ぶことができた。世界中が、ザハの案から僕らの案へと変わるプロセスに注目し、世界中から様々な声が寄せられて、この転換が日本に限られた現象ではなく、世界的な拡がりをもつことを知った。

そして実のところ、「勝つ建築」から「負ける建築」への転換が建築にとって不幸であり、建築家受難の時代であると、僕は少しも考えない。そもそも、建築をバンバン作って、建築で経済を牽引するという時代が、特別で異常だったのである。戦争で都市がすべて破壊された後の、特殊な状況の中の、特殊な社会、経済構造だったのである。

普通の時代には、建築を新しく作る必要はめったに起こらない。今すでにある街、今すでにある建築を、少しずつ手直ししていくというのが、建築の普通の在り方であり、建築家の普通の仕事のやり方である。そんなものは建築家ではなくて、ただの修理屋だろうというならば、建築家という名称は、もう返上してもいいと思う。特殊な時代の、特殊な職業でした、もう必要ありません、お返しします、と。

そうなったとしても、修理屋の仕事は充分に楽しいだろう。そして実際に、僕が今やっている仕事のかなりの部分は、修理、修繕のデザインであり、それはとてもやりがいがあるし、高度な経験・知識を必要とする知的な作業である。修理屋はみんなを幸せに、街をより住みやすい場所にするために、かなり役立っている。

このテキストは、慌ただしい時代から、そのような静かで地味な時代への、転換のドキュメンタリーである。

二〇一九年　九月

隈　研　吾

初出一覧

Ⅰ－1　「再び共同性の捏造へ」『戦後建築の来た道 行く道』東京建築設計厚生年金基金、一九九五年。

Ⅰ－2　「バブルの時代の建築とは何だったのか」『現代日本文化論8　欲望と消費』岩波書店、一九九七年。

Ⅰ－3　「批評性とは何だったのか」『住宅特集』一九九八年一一月号。

Ⅰ－4　「負けるが勝ち」『新建築』二〇〇〇年八月号。

Ⅱ－1　「淋しげな平和」『DE STIJL 展』一九九七年一二月。

Ⅱ－2　「三つの自邸」『Glass & Architecture』一九九六年冬号。
「民主主義という幻想」『建築文化』一九九九年九月号。
「ルドルフ・シンドラー――明日の建築への夢想」『ルドルフ・シンドラー』鹿島出版会、一九九九年。
「二人のライバル――ノイトラとシンドラー」『Glass & Architecture』一九九七年春号。
(以上四点をもとに加筆)

Ⅱ－3　「建築の民主主義」『INAX REPORT』一三五号、一九九八年六月。

Ⅱ－4　「もうひとつの近代」モダニズム・ジャパン研究会編『再読／日本のモダンアーキテクチャー』彰国社、一九九七年。
Ⅱ－5　「分裂した存在と表象は再び合体できるのか」『近代建築』二〇〇〇年八月号。
Ⅱ－6　「家をよこせ、テレビを見せろ」『新建築』一九九五年八月号。
「普遍論争」『GA JAPAN』一二号、一九九五年一月。
(以上二点をもとに加筆)
Ⅱ－7　「笑う少女と行者」『読売新聞』二〇〇〇年七月一八日。
Ⅲ－1　「キミも建築家になれる！」『東京人』二〇〇三年四月号。
Ⅲ－2　「「風俗」としての個人住宅」『JIA NEWS』一九九八年一二月号。
Ⅲ－3　「流れ続ける建築へ」『建築雑誌』二〇〇〇年一二月号。
Ⅲ－4　「透明なるパラサイト」『JIA NEWS』一九九六年四月号。
Ⅲ－5　「「美」の終焉」『本』一九九九年八月号。
Ⅲ－6　「エンクロージャーの終焉」『ＪＡ』一九九八年冬号。

本書は二〇〇四年三月、岩波書店より刊行された。

負ける建築

2019 年 11 月 15 日　第 1 刷発行

著　者　隈《くま》 研《けん》吾《ご》

発行者　岡本　厚

発行所　株式会社 岩波書店
〒101-8002 東京都千代田区一ツ橋 2-5-5
案内 03-5210-4000　営業部 03-5210-4111
https://www.iwanami.co.jp/

印刷・精興社　製本・中永製本

ISBN 978-4-00-603316-3　　Printed in Japan

岩波現代文庫の発足に際して

新しい世紀が目前に迫っている。しかし二〇世紀は、戦争、貧困、差別と抑圧、民族間の憎悪等に対して本質的な解決策を見いだすことができなかったばかりか、文明の名による自然破壊は人類の存続を脅かすまでに拡大した。一方、第二次大戦後より半世紀余の間、ひたすら追い求めてきた物質的豊かさが必ずしも真の幸福に直結せず、むしろ社会のありかたを歪め、人間精神の荒廃をもたらすという逆説を、われわれは人類史上はじめて痛切に体験した。

それゆえ先人たちが第二次世界大戦後の諸問題といかに取り組み、思考し、解決を模索したかの軌跡を読みとくことは、今日の緊急の課題であるにとどまらず、将来にわたって必須の知的営為となるはずである。幸いわれわれの前には、この時代の様ざまな葛藤から生まれた、人文、社会、自然諸科学をはじめ、文学作品、ヒューマン・ドキュメントにいたる広範な分野のすぐれた成果の蓄積が存在する。

岩波現代文庫は、これらの学問的、文芸的な達成を、日本人の思索に切実な影響を与えた諸外国の著作とともに、厳選して収録し、次代に手渡していこうという目的をもって発刊される。いまや、次々に生起する大小の悲喜劇に対してわれわれは傍観者であることは許されない。一人ひとりが生活と思想を再構築すべき時である。

岩波現代文庫は、戦後日本人の知的自叙伝ともいうべき書物群であり、現状に甘んずることなく困難な事態に正対して、持続的に思考し、未来を拓こうとする同時代人の糧となるであろう。

（二〇〇〇年一月）

S276
ひとり起つ
―私の会った反骨の人―
鎌田　慧
組織や権力にこびずに自らの道を疾走し続けた著名人二二人の挑戦。灰谷健次郎、家永三郎、戸村一作、高木仁三郎、斎藤茂男他、今も傑出した存在感を放つ人々との対話。

S277
民意のつくられかた
斎藤貴男
原発への支持や、道路建設、五輪招致など、国策・政策の遂行にむけ、いかに世論が誘導・操作されるかを浮彫りにした衝撃のルポ。

S278
インドネシア・スンダ世界に暮らす
村井吉敬
激変していく直前の西ジャワ地方に生きる市井の人々の息遣いが濃厚に伝わる希有な現地調査と観察記録。一九七八年の初々しい著者デビュー作。〈解説〉後藤乾一

S279
老いの空白
鷲田清一
〈老い〉はほんとうに「問題」なのか？　身近な問題を哲学的に論じてきた第一線の哲学者が、超高齢化という現代社会の難問に挑む。

S280
チェンジング・ブルー
―気候変動の謎に迫る―
大河内直彦
地球の気候はこれからどう変わるのか。謎の解明にいどむ科学者たちのドラマをスリリングに描く。講談社科学出版賞受賞作。〈解説〉成毛　眞

2019.11

S281
ゆびさきの宇宙
福島智・盲ろうを生きて
生井久美子

盲ろう者として幾多のバリアを突破してきた東大教授・福島智の生き方に魅せられたジャーナリストが密着、その軌跡と思想を語る。

S282
釜ケ崎と福音
―神は貧しく小さくされた者と共に―
本田哲郎

神の選びは社会的に貧しく小さくされた者の中にこそある！　釜ケ崎の労働者たちと共に二十年を過ごした神父の、実体験に基づく独自の聖書解釈。

S283
考古学で現代を見る
田中琢

新発掘で本当は何が「わかった」といえるか？　考古学とナショナリズムとの危うい関係とは？　発掘の楽しさと現代とのかかわりを語るエッセイ集。〈解説〉広瀬和雄

S284
家事の政治学
柏木博

急速に規格化・商品化が進む近代社会の軌跡と重なる「家事労働からの解放」の夢。家庭という空間と国家、性差、貧富などとの関わりを浮き彫りにする社会論。

S285
河合隼雄の読書人生
―深層意識への道―
河合隼雄

臨床心理学のパイオニアの人生に影響をおよぼした本とは？　読書を通して著者が自らの人生を振り返る、自伝でもある読書ガイド。〈解説〉河合俊雄

2019. 11

岩波現代文庫［社会］

S286
平和は「退屈」ですか
―元ひめゆり学徒と若者たちの五〇〇日―
下嶋哲朗

沖縄戦の体験を、高校生と大学生が語り継ぐプロジェクトの試行錯誤の日々を描く。社会人となった若者たちに改めて取材した新稿を付す。

S287
野口体操入門
―からだからのメッセージ―
羽鳥操

「人間のからだの主体は脳でなく、体液である」という身体哲学をもとに生まれた野口体操。その理論と実践方法を多数の写真で解説。

S288
日本海軍はなぜ過ったか
―海軍反省会四〇〇時間の証言より―
澤地久枝
半藤一利
戸髙一成

勝算もなく、戦争へ突き進んでいったのはなぜか。「勢いに流されて――」。いま明かされる海軍トップエリートたちの生の声。肉声の証言がもたらした衝撃をめぐる白熱の議論。

S289-290
アジア・太平洋戦争史（上・下）
―同時代人はどう見ていたか―
山中恒

いったい何が自分を軍国少年に育て上げたのか。三〇年来の疑問を抱いて、戦時下の出版物を渉猟し書き下ろした、あの戦争の通史。

S291
戦下のレシピ
―太平洋戦争下の食を知る―
斎藤美奈子

十五年戦争下の婦人雑誌に掲載された料理記事を通して、銃後の暮らしや戦争について知るための「読めて使える」ガイドブック。文庫版では占領期の食糧事情について付記した。

2019. 11

S292
食べかた上手だった日本人
―よみがえる昭和モダン時代の知恵―
魚柄仁之助

八〇年前の日本にあった、モダン食生活のユートピア。食料クライシスを生き抜くための知恵と技術を、大量の資料を駆使して復元！

S293
新版 報復ではなく和解を
―ヒロシマから世界へ―
秋葉忠利

長年、被爆者のメッセージを伝え、平和活動を続けてきた秋葉忠利氏の講演録。好評を博した旧版に三・一一以後の講演三本を加えた。

S294
新島襄
和田洋一

キリスト教を深く理解することで、日本の近代思想に大きな影響を与えた宗教家・教育家、新島襄の生涯と思想を理解するための最良の評伝。〈解説〉佐藤優

S295
戦争は女の顔をしていない
スヴェトラーナ・アレクシエーヴィチ
三浦みどり訳

ソ連では第二次世界大戦で百万人をこえる女性が従軍した。その五百人以上にインタビューした、ノーベル文学賞作家のデビュー作にして主著。〈解説〉澤地久枝

S296
ボタン穴から見た戦争
―白ロシアの子供たちの証言―
スヴェトラーナ・アレクシエーヴィチ
三浦みどり訳

一九四一年にソ連白ロシアで十五歳以下の子供だった人たちに、約四十年後、戦争の記憶がどう刻まれているかをインタビューした戦争証言集。〈解説〉沼野充義

2019. 11

S297
フードバンクという挑戦
―貧困と飽食のあいだで―
大原悦子

食べられるのに捨てられてゆく大量の食品。一方に、空腹に苦しむ人びと。両者をつなぐフードバンクの活動の、これまでとこれからを見つめる。

S298
いのちの旅
「水俣学」への軌跡
原田正純

水俣病公式確認から六〇年。人類の負の遺産「水俣」を将来に活かすべく水俣学を提唱した著者が、様々な出会いの中に見出した希望の原点とは。〈解説〉花田昌宣

S299
紙の建築 行動する
―建築家は社会のために何ができるか―
坂茂

地震や水害が起きるたび、世界中の被災者のもとへ駆けつける建築家が、命を守る建築の誕生とその人道的な実践を語る。カラー写真多数。

S300
犬、そして猫が生きる力をくれた
―介助犬と人びとの新しい物語―
大塚敦子

保護された犬を受刑者が介助犬に育てるという米国での画期的な試みが始まって三〇年。保護猫が刑務所で受刑者と暮らし始めたこと、元受刑者のその後も活写する。

S301
沖縄 若夏の記憶
大石芳野

戦争や基地の悲劇を背負いながらも、豊かな風土に寄り添い独自の文化を育んできた沖縄。その魅力を撮りつづけてきた著者の、珠玉のフォトエッセイ。カラー写真多数。

2019.11

S302
機会不平等
斎藤貴男

機会すら平等に与えられない〝新たな階級社会の現出〟を粘り強い取材で明らかにした衝撃の著作。最新事情をめぐる新章と、森永卓郎氏との対談を増補。

S303
私の沖縄現代史
―米軍支配時代を日本〈ヤマト〉で生きて―
新崎盛暉

敗戦から返還に至るまでの沖縄と日本の激動の同時代史を、自らの歩みと重ねて描く。日本〈ヤマト〉で「沖縄を生きた」半生の回顧録。岩波現代文庫オリジナル版。

S304
私の生きた証はどこにあるのか
―大人のための人生論―
H・S・クシュナー
松宮克昌訳

私の人生にはどんな意味があったのか？ 人生の後半を迎え、空虚感に襲われる人々に旧約聖書の言葉などを引用し、悩みの解決法を提示。岩波現代文庫オリジナル版。

S305
戦後日本のジャズ文化
―映画・文学・アングラ―
マイク・モラスキー

占領軍とともに入ってきたジャズは、アメリカそのものだった！ 映画、文学作品等の中のジャズを通して、戦後日本社会を読み解く。

S306
村山富市回顧録
薬師寺克行編

戦後五五年体制の一翼を担っていた日本社会党は、その誕生から常に抗争を内部にはらんでいた。その最後に立ち会った元首相が見たものは。

岩波現代文庫［社会］

S307
大逆事件
—死と生の群像—
田中伸尚

天皇制国家が生み出した最大の思想弾圧「大逆事件」。巻き込まれた人々の死と生を描き出し、近代史の暗部を現代に照らし出す。〈解説〉田中優子

S308
「どんぐりの家」のデッサン
漫画で障害者を描く
山本おさむ

かつて障害者を漫画で描くことはタブーだった。漫画家としての著者の経験から考えてきた、障害者を取り巻く状況を、創作過程の試行錯誤を交え、率直に語る。

S309
鎖塚
—自由民権と囚人労働の記録—
小池喜孝

北海道開拓のため無残な死を強いられた囚人たちの墓、鎖塚。犠牲者は誰か。なぜその地で死んだのか。日本近代の暗部をあばく迫力のドキュメント。〈解説〉色川大吉

S310
聞き書 野中広務回顧録
御厨貴
牧原出 編

二〇一八年一月に亡くなった、平成の政治をリードした野中広務氏が残したメッセージ。五五年体制が崩れていくときに自民党の中で野中氏が見ていたものは。〈解説〉中島岳志

S311
不敗のドキュメンタリー
—水俣を撮りつづけて—
土本典昭

『水俣—患者さんとその世界—』『医学としての水俣病』『不知火海』などの名作映画の作り手の思想と仕事が、精選した文章群から甦る。〈解説〉栗原彬

2019.11

S312
増補 隔離 ―故郷を追われたハンセン病者たち―
徳永進

らい予防法が廃止され、国の法的責任が明らかになった後も、ハンセン病隔離政策が終わり解決したわけではなかった。回復者たちの現在の声をも伝える増補版。〈解説〉宮坂道夫

S313
沖縄の歩み
国場幸太郎
新川明
鹿野政直 編

米軍占領下の沖縄で抵抗運動に献身した著者が、復帰直後に若い世代に向けてやさしく説き明かした沖縄通史。幻の名著がいま蘇る。〈解説〉新川明・鹿野政直

S314
ぼくたちはこうして学者になった ―脳・チンパンジー・人間―
松本元
松沢哲郎

「人間とは何か」を知ろうと、それぞれ新たな学問を切り拓いてきた二人は、どのような生い立ちや出会いを経て、何を学んだのか。

S315
ニクソンのアメリカ ―アメリカ第一主義の起源―
松尾文夫

白人中産層に徹底的に迎合する内政と、中国との和解を果たした外交。ニクソンのしたたかな論理に迫った名著を再編集した決定版。〈解説〉西山隆行

S316
負ける建築
隈研吾

コンクリートから木造へ。「勝つ建築」から「負ける建築」へ。新国立競技場の設計に携わった著者の、独自の建築哲学が窺える論集。

2019.11